本书系 2020 年度教育部人文社会科学研究青年基金项目（项目号：20XJC870001）和包头师范学院校级优秀课程《图书馆管理自动化》建设项目的研究成果之一

信息技术在图书馆的应用

Application of Information Technology in Libraries

亢　琦　高玉波　任　杰　卢胜利/编著

海洋出版社

2023 年 · 北京

内容简介

    本书是针对 21 世纪图书馆学情报学专业的教学需要，并兼顾馆员培训和高校信息素养教育课的教学需要而编写的。全书较系统、全面地介绍了信息与通信技术（ICTs）在图书馆的最新应用与进展。主要内容包括：图书馆自动化集成系统、资源发现系统、下一代图书馆服务平台、自助借还服务、移动图书馆、微信图书馆、馆际互借与文献传递服务、知识服务与数字人文等相关软件与工具、智慧图书馆等，是为适应少学时教学，结合信息技术在图书馆的最新应用与进展而编写的简明实用教材。

    本书适用于图书馆学专业的本科和研究生教学使用，也可供图书馆情报从业人员培训以及图书馆员的工作参考用书。

图书在版编目（CIP）数据

信息技术在图书馆的应用/亢琦等编著. —北京：
海洋出版社，2023.6
    （二十一世纪图书馆学丛书／丘东江主编. 第五辑）
    ISBN 978-7-5210-0509-7

    Ⅰ.①信…　　Ⅱ.①亢…　　Ⅲ.①信息技术-应用-图书馆工作-研究　　Ⅳ.①G250.71

    中国版本图书馆 CIP 数据核字（2019）第 297692 号

丛书策划：高显刚
责任编辑：杨　明
责任印制：安　森

海洋出版社　　出版发行

http：//www.oceanpress.com.cn
北京市海淀区大慧寺路 8 号　　邮编：100081
鸿博昊天科技有限公司印刷　　新华书店发行所经销
2023 年 6 月第 1 版　　2023 年 6 月北京第 1 次印刷
开本：787mm×1092mm　　1/16　印张：16
字数：198 千字　定价：98.00 元
发行部：010-62100090　总编室：010-62100034
海洋版图书印、装错误可随时退换

主编弁言

"二十一世纪图书馆学丛书"第一、二、三、四辑出版以来，受到图书馆工作者的欢迎。因为其主要特点是选题务实、信息新颖、内容丰富、注重图书馆实践和结合图书馆工作实际。

现在，该丛书第五辑出版的13个选题，是从60多个应征稿件中仔细挑选出来的。这些选题力求题材独特、知识丰富、立意新颖和可读性强。

"二十一世纪图书馆学丛书"第五辑涵盖面比前四辑更为广泛，包括《特色资源元数据设计与应用》《高校图书馆研究影响力评价服务实务》《图书馆传播理论与实践》《海上图林——海派图书馆事业的萌芽与发展》《专题馆，图书馆深化服务的探索》《不独芸编千万卷——图书馆讲座实务》《信息技术在图书馆的应用》《新时期上海图书馆文献编目工作实践》《连续出版物机读目录的编制》《图书馆世家的读书种子——沈宝环之生平、著述与贡献》《两个世界图书馆合作组织知多少》《图书馆，不仅是藏书楼》《图书馆里的巾帼典范——海外图书馆知名女性理解的阅读与人生》。

我想上述选题内容，图书馆馆员会有兴趣阅读；相信这些务实的专业论著的出版，对图书馆现时的工作有所裨益、对图书馆馆员知识水平的提高有所帮助。

丘东江

2019 年 7 月于北京东升科技园

前言

　　包头师范学院图书馆学专业为本科二年级学生开设了"图书馆管理自动化"的课程，没有教材，时任系主任王龙老师把本门课程安排给编者，颇感压力巨大，如果仅讲解图书馆自动化集成系统（Integrated Library System，ILS），也称图书馆业务系统，诸如 Aleph 500、汇文、图创、ILAS 等，不足以与课程名称、教学大纲、教学目标匹配。近年来，有关图书馆自动化集成系统、RFID 技术、虚拟现实的书籍不断出版，但是各自独立成体系，缺乏全面反映图书馆管理自动化的知识体系的图书，并且适用于图书馆学专业学生使用的少学时，例如 32 学时或 48 学时完成图书馆管理自动化学习的综合性教材未见问世。

　　针对目前市面上没有一本关于图书馆管理自动化综合性的教材，作者萌生了编写《信息技术在图书馆的应用》的想法，供图书馆学专业的学生和图书馆工作人员使用，图文详解，注重实践性，弥补各自分散的不足。之所以这样命名，除为适应一学期完成图书馆管理自动化技术和应用系统的学习外，还为结合各类信息技术在图书馆的应用实践，以学生为主体，学习和实践一体化，尤其注重实践，课堂内容均可在图书馆实体中找到应用情景，以促进学生的学习热情，感受到图书馆实实在在的快速发展和技术的力量，开拓思路，了解图书馆最新的发展和技术成果，增长知识和能力，培养图书馆精神，为将来从事图书馆工作与研究打下坚实的基础。

全书共有 12 章，具体内容安排如下：第一章对图书馆管理自动化这一概念进行了界定，并对课程内容进行了整体的介绍；第二章至第四章介绍了图书馆自动化集成系统、资源发现系统和下一代图书馆服务平台的功能、特点、相关产品以及案例体验；第五章介绍了主流的条形码或射频识别技术（Radio Frequency Identification，RFID）、自助借还系统和其他新型图书借还流通模式（如手机转借、手机 NFC 自助借还、网上借书、社区/自助柜投递/还回、信用借书、"你阅读，我买单"以及刷脸借书等）；第六章介绍了移动图书馆的功能、主要服务模式（WAP版网页、App 客户端和微信公众号平台）和代表性产品及其功能体验；第七章介绍了图书馆开通的微信公众平台（订阅号或服务号）的功能以及一些图书馆微信公众平台的体验；第八章介绍了馆际互借与文献传递服务和平台，如何利用该服务获取本馆没有订购的数字和纸质资源；第九章对相关软件与工具在图书馆情报工作中的应用进行了初步的介绍；第十章对虚拟现实技术和增强现实技术在图书馆中的应用进展进行了介绍；第十一章介绍了其他一些图书馆常用的自助服务，包括座位管理系统、研修间预约系统、自助文印系统（微信打印、手机打印）、读者教育系统、毕业离馆/离校系统、门禁系统（一卡通、二维码、刷脸）、自助查收查引系统等；第十二章，对图书馆管理自动化的未来发展趋势进行了展望，例如向智慧化、绿色化方向发展，与此同时，对智慧图书馆、绿色图书馆进行了论述和展望。建议课堂讲解 40 学时或适当调整，课外考察学习 8 学时。把这些管理自动化系统和图书馆实际业务工作紧密结合，使学生学习之后，对图书馆的信息技术发展有一个比较全面和初步的了解，培养的人才满足社会的需要。

通过三届同学的教学，逐步形成了本门课程的特点。第一次教学初步形成理论体系和讲授内容，第二次教学把教学大纲结合新技术、新理念以及课堂内容的梳理总结、同学们的反馈交流逐步完善，再加上编者们来源于图书馆工作实践和教学一线，是图书馆工作实践经验的概括和总结。因此，本书力求较全面、系统地反映图书馆专业和行业最新知识和技术内容，与时俱进。该书具有以下特点：

（1）共含 12 章教学内容，内容精练，便于教学使用，力求帮助学生对各类信息技术在图书馆中实践运用有简明、全面的了解，学习图书馆新技术、新理念和新发展，加深对图书馆的认识。

（2）不专门介绍一些具体技术的实现，是因为同类教程已有详细介绍，而注重实践与应用，注重与图书馆发展相关的公司和软件的介绍。

（3）每章附有思考题，引导学生做进一步深入了解和自主学习与探究。

（4）图文并茂，专业术语中英文对照，提升专业英语素养。

（5）师生共著。2017—2018 学年第一学期，编著者提前把编写好的章节分发给同学们，供同学们预习、纠错和补充内容，以及一部分章节留给同学们撰写，给同学们锻炼、思考和加深学习的机会。

本书由图书馆工作实践和教学一线的专家和学者共同编写，亢琦负责全书框架设计、内容构思、统稿和修改。各章节撰写的具体分工情况如下：亢琦（第一章至第四章、第六章、第九章、第十二章）、高玉波（第五章、第十章）、任杰（第七章、第八章）、卢胜利（第十一章）。

在本书的写作过程中，包头师范学院图书馆学专业的学生们，不辞辛苦地协助撰写了部分书稿内容和对书稿的审校，他们是卜慧霞、王璐、杜静怡、刘嘉伟、甄思源、何添琪、董素茹、牛蕾、李扬扬、尹玲玉、张宇、朱瑞亮、彭嘉伟、杨颖、王昕玮、程虹、郭子轩、张慧、王婷、张栋博等，属于师生共著的一部教材，感谢你们，把青春和勤奋镌刻在书中，也为学弟学妹们树立了榜样和做出了贡献（从此，上课有教材了）。

感谢提供 OPAC "我的图书馆" 账号的多位朋友，以把各项 OPAC 功能和微信图书馆的功能写得稍深入细致。

本书得到了教育部人文社会科学研究项目和校级优秀课程《图书馆管理自动化》的资助，在此一并致谢。本书同时得到了丘东江先生和海洋出版社的支持，在此表示深深的感谢。对于本书所引参考文献的作者、各系统开发商表示诚挚的谢意！

由于本书由多人撰写，文字风格各异，虽经多次统稿，仍难统一，而且信息技术不断更新发展，加之编者的水平和视野有限，书中难免存在错漏和不足之处，敬请广大读者谅解，欢迎批评指正，也敬请教授本门课程的老师和业内人士赐教，联系作者的电子邮箱是：lis @ mail. nankai. edu. cn。

亢　琦

2018 年 10 月于草原钢城

目 录|
Contents

001 　第一章　概述

004 　第二章　图书馆自动化集成系统

004　　　　第一节　图书馆自动化集成系统概述

006　　　　第二节　图书馆自动化集成系统代表性公司产品简介

006　　　　　　　一、Ex Libris & ProQuest 公司

007　　　　　　　二、Innovative Interfaces 公司

008　　　　　　　三、SirsiDynix 公司

008　　　　　　　四、OCLC WorldCat

009　　　　　　　五、开源 ILS

010　　　　　　　六、汇文图书馆管理系统

010　　　　　　　七、广州图创 InterLib

011　　　　　　　八、深圳科图 ILAS

011　　　　　　　九、北京金盘 GoldLib

011　　　　　　　十、北邮 MELINETS

012　　　　　　　十一、大连妙思

012　　　　十二、北京清大新洋 GLIS

012　　第三节　联机公共目录查询系统的功能与特点

016　　思考题

017　第三章　资源发现系统

017　　第一节　资源发现系统概述

019　　第二节　资源发现系统代表性公司产品简介

020　　　　一、Ex Libris 公司——Primo

022　　　　二、Series Solution（现 ProQuest）公司——Summon

025　　　　三、EBSCOhost 出版商——EDS

026　　　　四、EDS 中国本地化——Find+

028　　　　五、Google 学术

029　　　　六、超星发现

031　　　　七、百度学术

034　　　　八、CALIS——e 读

035　　　　九、维普公司——智立方

037　　　　十、读秀学术搜索

038　　第三节　资源发现系统技术特点与功能

041　　第四节　资源发现系统案例与功能体验

041　　　　一、国家农业图书馆——Primo

045　　　　二、浙江大学图书馆——Summon

050　　第五节　资源发现系统与 OPAC 的比较

052　　思考题

053 第四章 下一代图书馆服务平台

053　　　第一节　下一代图书馆服务平台概述

057　　　第二节　下一代图书馆服务平台研究与实践进展

058　　　第三节　下一代图书馆服务平台应用驱动因素

058　　　　　一、图书馆馆藏资源的变化

059　　　　　二、读者获取信息习惯发生变化

059　　　　　三、ILS无法满足图书馆多个系统及应用间的
　　　　　　　　数据共享或整合

060　　　　　四、ILS图书馆部分业务侧重点的变化

061　　　第四节　下一代图书馆服务平台主流产品

061　　　　　一、Alma

064　　　　　二、Intota

065　　　　　三、Sierra

066　　　　　四、Worldshare Management Services（WMS）

067　　　　　五、FOLIO

070　　　　　六、Kuali OLE

071　　　第五节　下一代图书馆服务平台的功能与特点

072　　　第六节　LSP与ILS的区别

072　　　　　一、资源管理

073　　　　　二、部署与更新

074　　　　　三、使用模式

075　　　　　四、功能定位

075　　　第七节　下一代图书馆服务平台的案例与功能体验

075　　　　　一、北京师范大学——Alma

076　　　　二、香港中文大学(深圳校区)——Alma

078　　　第八节　下一代图书馆服务平台本土化应用及需注意
　　　　　　的问题

079　　　思考题

080　第五章　自助借还服务

080　　　第一节　自助借还概述

081　　　第二节　条形码和 RFID 自助借还系统

081　　　一、条形码自助借还系统

082　　　二、RFID 自助借还系统

085　　　三、条形码和 RFID 自助借还系统的思考与争
　　　　　　议

086　　　第三节　其他新型借还流通服务

086　　　一、图书转借

089　　　二、NFC 自助借书

090　　　三、"网上借书,送书上门/就近还回"

094　　　四、"你阅读,我买单"

099　　　五、信用借书

101　　　六、刷脸借书

103　　　思考题

104　第六章　移动图书馆

104　　　第一节　移动图书馆概述

106　　　第二节　移动图书馆技术特点与功能

106　　　第三节　移动图书馆代表性产品简介

107 一、超星移动图书馆

108 二、方正阿帕比

109 三、维普中文期刊助手

110 四、移动知网

111 五、博看期刊 App

111 六、国家数字图书馆 App

112 七、浙江大学图书馆 App

113 思考题

114 第七章 微信图书馆

114 第一节 微信图书馆概述

114 一、微信

115 二、微信公众平台

116 三、微信图书馆

117 第二节 微信图书馆技术特点与功能

119 第三节 微信图书馆案例与功能体验

130 第四节 微信图书馆宣传

130 一、"拉拢"读者关注、线下线上齐推广

131 二、幽默的语言风格

132 三、强化功能实用性

132 四、开发个性化功能

133 思考题

134 第八章 馆际互借与文献传递

134 第一节 概述

136   一、馆际互借

137   二、文献传递

138   三、服务宣传与推广

139   第二节　馆际互借与文献传递的平台与特点

139   一、OCLC WorldShare ILL

141   二、CALIS

142   三、CASHL

144   四、中国国家图书馆馆际互借平台

146   五、BALIS

146   六、百链云图书馆

148   第三节　图书馆未收藏资源的其他获取途径

149   第四节　案例与功能体验

149   一、CASHL 功能体验

155   二、百链云图书馆功能体验

159   思考题

160 第九章　知识服务与数字人文等相关软件与工具

160   第一节　知识服务概述

161   第二节　数字人文概述

164   第三节　相关软件和工具在图书情报工作中的应用

164   一、开源软件 Gephi 在社会网络分析中的应用

165   二、UCINET 在可视化中的应用

165   三、Bibexcel/VOSviewer/SATI 在文献分析中的
              应用

168   四、文本挖掘工具

170　　　　　　　五、CiteSpace 的应用

171　　　　　　　六、统计软件 SPSS 的应用

172　　　　　　　七、Altmetric 在文献计量学的应用

172　　　　　　　八、ESI/JCR/INCITES 在学科评价的应用

175　　　　　　　九、Python 在数据挖掘与分析中的应用

176　　　　　　　十、文献管理软件

177　　　　　　　十一、Prezi 和 MindManager 等软件在教学和

　　　　　　　　　　讲座培训中的应用

178　　　　思考题

179　第十章　虚拟现实和增强现实技术在图书馆的应用

179　　　第一节　虚拟现实技术和增强现实技术概述

179　　　　　　　一、虚拟现实技术概述

181　　　　　　　二、增强现实技术概述

182　　　第二节　虚拟现实和增强现实的联系与区别

182　　　　　　　一、虚拟现实和增强现实的联系

183　　　　　　　二、虚拟现实和增强现实的区别

184　　　第三节　VR /AR 技术在图书馆中的应用

185　　　　　　　一、馆藏珍贵资源展示与利用

186　　　　　　　二、丰富阅读体验

187　　　　　　　三、文献排架与查找

189　　　　　　　四、虚拟导览和入馆教育

190　　　　　　　五、少儿阅读

192　　　　　　　六、个性化服务

192　　　　　　　七、真人图书馆

192 　第四节　VR/AR 在图书馆应用的具体实践

195 　第五节　结语

195 　思考题

196　第十一章　图书馆其他自助服务

196 　第一节　座位管理系统

199 　第二节　自助打印复印扫描系统

206 　第三节　读者教育系统

209 　第四节　毕业离馆/离校系统

210 　第五节　门禁系统

212 　第六节　论文查重系统

214 　第七节　查收查引系统

217 　思考题

218　第十二章　图书馆的发展趋势

218 　第一节　智慧图书馆

225 　第二节　绿色图书馆

229 　思考题

230　参考文献

第一章
概述

　　随着计算机技术与信息技术的不断发展，诸如智能移动终端、移动互联网、大数据、云计算、人工智能等，以及馆藏资源激增，用户信息需求与信息行为的变化，与之相适应，图书馆为更好地顺应新技术的发展和用户信息需求的变化，利用现代化的服务手段，为读者提供舒适便捷的服务体验，图书馆大量引进数字设备和信息系统，满足用户日益增长的多元信息和知识需求，顺应全球信息化、网络化、数字化发展的趋势，逐步实现从传统图书馆服务到文化综合体服务，把图书馆打造成集学习阅读、信息交流、文化休闲、创作研讨等功能于一体的知识服务中心。

　　相应的，图书馆自动化的内涵和外延都在不断拓展。在图书馆人的意识中，作为自动化系统主体的图书馆集成管理系统主要用于印刷本资源的管理，包括采购、编目、借阅流通、书目查询、我的图书馆（查询借阅信息、续借、预约、荐购等）以及集成电子图书链接、随书光盘链接、豆瓣评论和网上书店链接等，是自动化管理的核心。而今，图书馆自动化已将传统的借还服务、数字资源管理、资源统一检索、文献传递、座位管理等纳入自动化管理的环节，并逐渐成为自动化管理的主要组成部分。从用于纸质书刊采访、编目、流通、读者信息管理的图书馆自动化集成系统、用于一站式检索呈现多种类型的资源发现系统、用于对纸质资源和数字资源统一管理，从采访、编目、检索全过程管理和提供这些服务的下一代图书馆服务平台（Next Generarion Library Service Platform，LSP），到各类新型的系统与服务，包括自助借还服务、移动图书馆、微信图书馆、馆际互借与文献传递服务、座位管理（研修间预约）系统、自助文印系统、创客空间服务等大量功能各异的与技术发展和用户需求相适应的图书馆自动化系统被研发出来，并广泛地应用于图书馆管理实践工作中。这些系统的设计、开发与引进，营造了许多新的图书馆自动化业务增长点和新的用户服务，同时一定程度上也提高了管理质量与服务效能。

从上面看出，图书馆采用先进的计算机技术和网络技术及海量数字资源来装备图书馆，符合当今图书馆服务的变革趋势与信息通信技术发展潮流，也符合技术支撑服务的理念，图书馆的业务和服务工作在信息与通信技术 ICTs 的支撑下，发生了巨大的变化，服务内容也随之增加了不少。在这种情况下，我们把图书馆应用信息技术的实践内容进行大幅度地扩展，不仅局限于理解的图书馆自 20 世纪八九十年代，2000 年年初开始在各种类型图书馆使用的文献采访、文献编目、流通、馆藏目录检索（Online Public Access Catalogue，OPAC）等功能的图书馆自动化系统。当然，目前的图书馆自动化集成系统或未来的下一代图书馆服务平台是很重要的图书馆服务系统，在支撑图书馆业务和图书馆读者服务中起着重要的作用，图书馆其他的系统或平台的数据需通过 Z39.50 协议或 API 应用程序接口等从 ILS 或 LSP 获取，例如馆藏数据，读者账号密码和借阅数据等。

本书对图书馆实用信息技术的理解是，凡是用计算机等软硬件设施和信息与通信技术对图书馆工作（采访、编目、流通、期刊和报纸等连续出版物、读者信息等）进行管理，以及读者自助完成相关业务（借还书、缴纳违约金、打印复印扫描、研修间预约、座位预约、文献传递、在线学习考试培训以及离校手续办理等），都称为图书馆管理自动化，那么这些软硬件设施和技术统称为图书馆实用信息技术。图书馆实用信息技术这个定义和理解不一定严谨，需要进一步凝练。赋予这样一个定义和理解，一是改变传统的为图书馆业务服务的观点，拓展图书馆业务工作的内涵和外延；二是丰富课程的内容，不局限于一个管理信息系统，即不限于 ILS 或 RFID 自助借还系统等，体现出课程的完备性、时代性与实用性，使同学们学到更多的图书馆新技术、获得新体验和掌握新设备。

科学技术的发展永无止境，信息技术不断发展，通过信息技术实现图书馆的管理活动，这就是这本书要分享的内容。

思考题

请谈谈你对图书馆管理自动化的理解。

第二章
图书馆自动化集成系统

本章主要介绍图书馆自动化集成系统概况、代表性公司及产品，重点分析了在读者需求、资源不断变化以及新技术的推动下，图书馆自动化集成系统功能的不断扩展和系统新的发展趋势，并以图文并茂的方式对读者使用的 OPAC 功能与发展趋势进行了论述和展望。

第一节　图书馆自动化集成系统概述

图书馆自动化集成系统也称作图书馆自动化管理系统、图书馆管理集成系统、图书馆业务系统、图书馆管理系统等。它的功能包括：采访（acquisitions, ordering, receiving, and invoicing materials）、编目（cataloging, classifying and indexing materials）、流通（circulation, lending materials to patrons and receiving them back）、连续出版物管理（serials, tracking magazine, journals, and newspaper holdings）和馆藏目录检索（public interface for users）等[1-9]。

图书馆自动化集成系统的起源可追溯到 20 世纪 60 年代末到 70 年代初，计算机技术被用于替代手工卡片目录而开发的自动化系统。20

世纪 70 年代，由于计算机技术和通信技术的创新，出现第一代图书馆管理集成系统，即基于字符的大型机应用程序系统，包括工作人员用于编目、采购、流通、期刊、系统管理的软件应用模块和供图书馆公共用户检索的基于字符在线公共检索目录 OPAC 接口。随着互联网的发展，20 世纪 90 年代末出现第二代用于纸质资源管理的图书馆管理集成系统，学术界称为传统管理集成系统（Traditional ILS）。传统 ILS 建立在客户端/服务器（C/S 架构）计算模型的基础上，提供模块化功能（modules，acquisitions，cataloging，circulation，serials，the OPAC etc.），并在 21 世纪初发展成熟。目前，传统使用 C/S 架构的 ILS 仍是图书馆存储数据和管理业务的主要系统并占据图书馆管理集成系统的主要市场，即传统的 ILS 把数据库和文件系统放在中央服务器上，客户端应用程序则安装在馆员用计算机上，然而这种模式并没有减少中央服务器的运行量。由于要对整个图书馆的个人计算机进行维护和更新，这些客户端应用程序实际增加了操作成本。后来发展成为基于 C/S 和浏览器/服务器端（B/S）架构相结合的体系结构，尤其 B/S 模式减少馆员和读者所使用的客户端的维护，使用浏览器即可访问和使用业务系统网站。

图书馆引入 ILS 后，图书馆员可以随时了解图书和期刊状态（订购、加工、外借、预约和在架等）、流通服务、数据统计与分析；读者可在任何地方检索任一图书馆馆藏，登录"我的图书馆"进行续借、预约和荐购等操作，大大提高了图书馆业务工作的效率。

随着信息与通信技术的发展，诸如大数据（Big Data）、云计算（Cloud Computing）、人工智能（Artificial Intelligent，AI）、移动互联网技术、社交媒体（Social Media）、Web 技术、数据库技术、信息检索技术等，图书馆自动化集成系统在管理和服务方面也面临着新的挑战。国内外图书馆自动化系统开发商也在不断研发和升级新的系统，以满足日益变化的用户需求与泛在随处可得资源获取和互动分享，图书馆管理集成系统平台的市场正处于革新创新和向下一步演变的时代。ILS 从以资源为中心向以读者需求为中心发展，从管理本馆纸质资源到纸质与数字资源统一管理，实现各种类型资源的统一采选、检索与发现等服务。随着计算机、网络、信息技术的飞速发展，图书馆自动化集成系统的核心功能和本质并没有变，只是顺应数字化、网络化时代，增加了"增值服务"（如，加强对数字资源的管理、集成外部链接、注重与读者互动、改进用户体验）和功能更加强大。目前，ILS 仍然是非常重要、非常基础的图书馆业务系统，在支撑图书馆业务工作和图书馆服务中起着重要的作用，其他图书馆系统或平台的数据需通过 Z39. 50 协议、API 应用程序接口等从 ILS 获取，例如馆藏书目数据、读者数据和借阅数据等。

第二节　图书馆自动化集成系统代表性公司产品简介

目前，国内各种类型的图书馆使用的图书馆自动化管理软件主要有：国内的如江苏汇文、广州图创（InterLib）、深圳科图（ILAS）、北京金盘（GoldLib）、北邮（MELINETS）、大连妙思、北京清大新洋（GLIS）以及自主研发的深圳大学图书馆管理集成系统（SULCMIS）、重庆大学图书馆亚德现代图书馆管理系统（ADlib3）等；国外的如以色列艾利贝斯集团（Ex Libris）的 Aleph 500、美国 SirsiDynix 公司的 Horizon 和 Symphony、美国 Innovative Interfaces 公司的 Millennium 等。

一、Ex Libris & ProQuest 公司

ProQuest 公司的定位是为图书馆的数字化迁移需求提供广泛的内容

解决方案。Ex Libris 公司是专门提供云服务解决方案的全球领先供应商。2015 年 12 月 15 日，服务全球科研界的信息解决方案主要供应商 ProQuest，完成对艾利贝斯集团的收购。此次收购延续并扩展了各自在印刷、电子和数字内容领域的专长，同时也为图书馆管理、信息发现和研究工作流程提供了更完善的解决方案。

Ex Libris & ProQuest 集团作为国内用户较多，发展较好的系统供应商，针对图书馆需求与服务模式的变化，也在不断推出新的适应图书馆发展的系统，如电子资源管理系统 Verde、资源发现与获取系统 Primo 和 Summon、原创的开放链接系统 SFX（获得馆内及馆外的相关文献的资源链接，包括全文获取链接和请求文献传递的链接等）、数字资产保存系统 Rosetta、图书馆学术资源门户系统 MetaLib 等产品。在不断发展的图书馆自动化领域，Ex Libris 为用户提供了完美的图书馆解决方案，如图书馆自动化集成系统 Aleph 500 和下一代图书馆服务平台 Alma。国内的用户有北京师范大学（使用 16 年之久的 Aleph 500 ILS 系统于 2017 年 9 月升级到下一代图书馆服务平台 Alma）、清华大学（于 2017 年 10 月由 Millennium ILS 转为下一代图书馆服务平台 Alma）、武汉大学、大连海事大学、东北大学以及郑州大学图书馆等。

二、Innovative Interfaces 公司

Innovative Interfaces 公司（Innovative Interfaces Inc.）成立于 1978 年。1980 年发布了第一个集成的图书馆系统 Innopac，1990 年发布了图书馆自动化集成系统 Millennium。2014 年 6 月，Innovative Interfaces 收购了 VTLS 图书馆自动化厂家，其后继续积极开发和支持大多数基于 VTLS 的软件产品。其产品包括下一代图书馆自动化集成系统（Library services platform）Sierra、图书馆自动化集成系统 Millennium 和 Virtua

（原 VTLS Inc. 的产品）以及资源发现系统 Encore。国内的用户有西安交通大学、电子科技大学和华中科技大学图书馆等。

三、SirsiDynix 公司

2005 年 6 月 Sirsi 与 Dynix 合并成为拥有较大客户群的 SirsiDynix 公司，其产品以图书馆自动化集成系统 Symphony 和 Horizon ILS 为中心，下一代图书馆服务平台 BLUEcloud 采访模块以及提供软件即服务（SoftwareasaService，SaaS）来托管图书馆的数据及 SirsiDynix 软件，并形成了既适用于图书馆传统业务又满足电子资源需求的全方位解决方案。国内用户有北京大学、中国人民大学、吉林大学、天津高校联合图书馆、陕西省图书馆和郑州图书馆等。

四、OCLC WorldCat

联机计算机图书馆中心（Online Computer Library Center，OCLC），始建于 1967 年，是世界上最大的联机文献信息服务机构之一，也是一个非营利性的全球图书馆合作组织，该机构面向全球的图书馆、信息中心以及用户提供各种信息服务，帮助存取世界各地的信息，并以实现资源共享、降低信息使用成本为宗旨。OCLC 的服务产品众多，目前全球有近 200 个国家和地区的上万所图书馆在使用 OCLC 的产品和服务来开展文献信息的检索、采集、编目、外借、保存等业务。从 1971 年起，OCLC 开始建设大型联机编目数据库 WorldCat，2006 年 8 月，OCLC 免费开放了联机联合编目数据库 WorldCat，通过 WorldCat. org 网站上的 OPAC 检索入口，任何人都可以自由使用整个 WorldCat 数据库。2010 年 OCLC 以 WorldCat 为核心推出基于云计算技术的网络级管理服务，利用最新的云计算技术与 WorldCat 数字图书馆的整合资源帮助成员图书馆更好地实现资源共享。

WorldCat 的特点有：第一，是全球大型的联机编目数据库，它所拥有的书目数据涵盖多种语言、国家、地区和人类 4000 年以来有记录的知识。截至 2019 年 5 月，全球最大的图书馆联合目录数据库 WorldCat 中馆藏记录的总数为 27.9 亿条，其中独一无二的书目记录为 4.5 亿条；第二，具有快速、准确、时效的书目信息检索功能；第三，丰富的内容与集成式的服务，整合馆藏资源、提供丰富的书目信息、内链的建立实现深层页面的浏览和检索、提供著者的深层信息以及集成虚拟参考咨询服务；第四，呈现简明的检索结果；第五，更加个性化与社会化的功能，如支持多种语言界面、地理对应功能、个人书目资料列表功能、资料评级和评论功能、用户完善书目信息、共享书签、引文导出等功能。

五、开源 ILS

开源 ILS（Open-source ILS）拥有较低的引进成本（不用支付软件设计者的许可费用）、公开的源代码可定制等优势，受到了一定用户群的青睐，但在支持与兼容 CNMARC 方面欠缺，用户在使用过程中遇到问题时无法得到及时的解决，需要配置程序人员，用来编写程序、后续维护、更新软件以及实现新老系统数据转换等工作（也可以多个图书馆共同合作共享技术与维护人员，节省人力成本或引入第三方有偿合作者），满足个性化需求[10]。未来，开源 ILS 与传统的专有 ILS 应该会是两者共存的局面。目前，开源的图书馆自动化管理软件有 Koha、Equinox Software 的 Evergreen、Media Flex 的 OPALS、Civica 公司的 Spydus、Biblionix 公司的 Apollo ILS 和 Axiell Group 的下一代基于云计算的图书馆服务平台等。

六、汇文图书馆管理系统

江苏汇文软件有限公司是专门从事图书馆、情报、出版发行业等专业系统的文献信息处理软件开发及信息服务的股份制公司。公司由江苏省教育厅控股，南京大学、东南大学参股组成。公司研发的"汇文文献信息服务系统"自 1999 年起在全国范围推广，截至 2017 年 11 月份，已为国内近 900 多家知名高校和公共图书馆所选用，其中包括教育部公布的 39 所"985"学校中的 16 所，116 所"211"学校中的 55 所大学，高校图书馆采用该自动化系统较多，例如南京大学图书馆、厦门大学图书馆等。

七、广州图创 InterLib

广州图创计算机软件开发有限公司，其产品包括 Interlib 图书馆集群管理系统、智能语音咨询机器人、Interlib Opac3.0 等产品。2011 年发布了"第三代图书馆自动化系统 Interlib"，是以区域图书馆群的资源共建共享和联合服务作为特色和优势。Interlib 图书馆集群自动化管理系统，采用 B/S 架构，使用 Java 技术，遵照 J2EE 标准，三层体系结构，满足安全性和系统可伸缩发展的需求；整体支持跨平台，可以在各种主流硬件平台和操作系统上运行；支持主流的 Web 服务器，容易整合各种资源，使用方便，采用浏览器就可以访问、管理整个系统平台；支持 Unicode，真正解决多语种（小语种）问题；以目录管理为核心，采用 WebBridge 方式实现书目到电子资源的直接访问。用户主要为公共图书馆（省级图书馆、副省级城市图书馆、市级图书馆以及区县级图书馆）等，例如包头图书馆、杭州图书馆、东莞图书馆、广州图书馆、厦门图书馆、天津大学图书馆和昆明理工大学图书馆等。

八、深圳科图 ILAS

ILAS 图书馆自动化集成系统是文化部于 1988 年作为国家重点科技项目下达、由深圳图书馆承担并组织开发的。目前 UILAS 和 ILAS III 是深圳市科图自动化新技术应用公司的主要产品。用户主要为实行总分馆制的图书馆和图书馆联盟。例如佛山市图书馆、洛阳市图书馆、厦门市中小学云图书馆等。

九、北京金盘 GoldLib

金盘图书馆集成管理系统（Gold Disk Library Integrated System-GD-LIS）是北京金盘鹏图软件技术有限公司推出的 B/S 架构图书馆信息管理系统，实现了对图书馆的书刊和非印刷资料（视听资料、光盘、文献等）的采访、编目、典藏、流通、公共查询、馆际互借和参考咨询等业务工作的自动化管理。用户有暨南大学图书馆（原采用的是美国 Innovative Interfaces 公司的 Innopac 图书馆管理系统）、青海大学、贵州大学、西南大学图书馆、部（军）队院校图书馆、中小学图书馆。

十、北邮 MELINETS

MELINETS 自动化集成系统是北京邮电大学图书馆承担的国家"九五"重点科技攻关项目，是北京创讯未来软件技术有限公司开发的产品之一。该项目于 1995 年 4 月由教育部正式立项，在 1998 年 7 月完成全部子系统的研制任务，并在北京邮电大学图书馆全面投入应用。该系统同时得到快速的应用推广，1999 年 5 月在北京市委市属院校图书馆自动化系统招标会中中标，成为北京市市属院校图书馆自动化系统的主

要产品。同时，该公司承建了北京地区高等教育文献保障系统
（BALIS）中的馆际互借系统、原文传递系统、学科建设文献资源分析
管理数据库等功能。用户有北京邮电大学、河北工业大学、河北金融学
院、华侨大学图书馆等。

十一、大连妙思

秒思™V6.5 图书馆自动化系统是由大连网信软件有限公司开发，
核心功能包括图书和连续出版物的采购、编目、典藏以及流通管理系
统，辅助业务包括随书光盘和其他电子资源的管理，基于 Internet/
Intranet 的 WebOPAC 读者检索和应用系统，支持用于数据交换的
Z39.50 协议和馆际交互的馆际互借（ILL）协议。用户有安徽大学图书
馆、西安音乐学院图书馆和河南省中小学校图书馆等。

十二、北京清大新洋 GLIS

GLIS 图书馆自动化集成系统是由北京清大新洋科技有限公司开发，
支持 UTF-8 和 Unicode 标准，解决了多语言文献的原语种著录问题，符
合 CNMARC 和 MARC21 机读目录格式标准以及《国际标准书目著录
（ISBD）》和 AACR-2《英美编目条例》。

国内其他图书馆自动化集成系统还有深圳大学图书馆自主研发的
SULCMIS 管理系统、重庆大学图书馆自主研发的亚德（ADlib3）现代
图书馆管理系统等。

第三节　联机公共目录查询系统的功能与特点

联机公共目录查询系统 OPAC，是图书馆与用户在网上交流的重要

平台之一，在向用户揭示馆藏书目信息和提供馆藏资源检索方面举足轻重。其功能主要有馆藏书刊检索、我的图书馆（登录、续借、查看当前借阅信息、历史借阅记录、图书预约以及荐购等）、分面浏览、新书通报等。具体为：

（1）书目检索：读者可以在任何地方通过网络查询各图书馆的馆藏纸质资源，检索字段（检索项）包括：题名、作者、出版社、国际标准书号和国际连续出版物刊号（ISBN/ISSN）、分类号、索书号等，查看图书状态（在馆、外借应还日期）、复本量、馆藏地、架位导航（RFID 定位）等，也可以根据中图分类法、科图分类法进行分类浏览。

（2）我的图书馆："我的图书馆"是 OPAC 系统的一个重要组成部分，可以提供个性化信息定制服务。此模块包含了证件信息、书刊借阅信息、续借、预约、委托、违约缴款、读者挂失、荐购历史、我的书评、我的书架、检索历史以及系统推荐等。

（3）除了揭示本馆纸质资源，还集成了外部链接，诸如随书光盘资源、电子图书资源和豆瓣读书、Google 图书和当当网等。

（4）分面浏览（Facet browsing/navigation，Filters）：读者可依据图书分类、文献类型、馆藏地、主题、出版日期、语种等，通过逐层点击缩小检索范围。

（5）提供读者个性化、多样化的服务，例如订阅、分享、收藏、评论，注重与读者互动。

（6）统计分析功能：热门检索词、热门借阅、借阅趋势图、借阅该书的读者还借阅了哪些图书。

（7）期刊导航：可依据不同的分类方式查到相关期刊，主要包含了西文期刊字母导航、期刊学科导航、年度订购期刊三个模块，使用方法与分面浏览类似。

（8）新书通报：新书通报是对最新入藏的新书进行通报，方便读者了解图书馆又增添了哪些新书，新书的具体情况如何，读者可依据不同条件定位到相关新书。

（9）信息发布：包括预约到书、委托到书、超期欠款、超期催还四个功能模块。把馆内相关信息发布在相关页面上，读者可依据证件号或者条码号查找到相关的信息。

（10）读者荐购：此模块为读者参与图书馆文献采购提供了途径。读者检索馆藏书目，确定本馆确未收藏该书刊或复本量不足的热门图书，可在"读者荐购"栏目中填写表单推荐图书馆购买。

面对新需求，图书馆自动化集成系统以及 OPAC 模块的功能也面临着新的挑战和升级。新需求包括：①读者信息行为和信息需求的变化，主要表现在以下方面：a. 读者喜欢搜索引擎自主查阅信息；b. 首选图书馆作为查找信息的用户越来越少；c. 读者不仅是信息的使用者，也是内容生产者（User Genernation Content，UGC）。②图书馆自身的变化：a. 目录作用的弱化，因为可以查找信息的途径太多，如百度、Google、购物网站，特别是图书馆大开架模式和大量数字资源的引入，真正利用 OPAC 的机会越来越少，Jiang 等研究发现读者使用 OPAC 主要用来检索馆藏目录和"我的图书馆"，例如个人信息管理、借阅信息查询、续借等，其他功能基本不用[11]；b. 图书流通率降低，统计数据显示，图书外借量在下降，尤其是高校图书馆；c. 纸质图书采购复本量减少（如清华大学复本量保持在 1.5 左右），品种增加，数字资源购置经费投入增加，数字资源量快速增长，当然也与数字资源平台涨价有关。

这样兼有数字资源和纸质资源、两种服务都需要提供的转型期或复合图书馆时代，传统的图书馆管理系统还需要保留，并且朝下一代图书馆自动化集成系统的方向发展。①实现纸质与数字资源的统一管理，不以馆藏为中心的资源管理，资源不再局限于印刷型图书，还包括数字资源（期刊论文、图书等）以及未订购的印刷型与数字资源，还应具有强大的搜索与发现能力，适应快速增长的数字资源的需要，例如 Ex Libris 的下一代图书馆系统 Alma 与资源发现系统 Primo 在北京师范大学统一集成，揭示全部资源内容，解决资源之间、资源库之间的链接问题。②Marc 856 字段增加了电子全文的链接，以及 OpenURL、SFX 等协议与技术的出现，使得包括支持 MARC 元数据、DC 元数据等多种元数据格式，不仅能够查询本馆纸质与数字资源，还发现网络资源和本馆没有购买的资源。③查询支持全文检索、相关度排序等，支持 Z39.50、OAI 协议。④ OPAC 检索界面简单化，如同 Google 等搜索引擎一框式（one-single）检索方式，整合资源、服务。⑤不少 OPAC 系统也具有 SoLoMo［社交 social、本地 local、移动 mobile 三个单词组合，具体是指利用移动设备、基于地理位置并结合社交网络（SNS）特点而提供的网络服务］的特点，如 OCLC 的 WorldCat，可根据上网的 IP 地址，"就近"推荐附近的图书馆，包括中国高等教育文献保障系统（China Academic Library & Information System，CALIS）、中国高校人文社会科学文献中心（China Academic SocialSciences and Humanities Library，CASHL 或开世览文）。⑥注重读者参与和交互，如读者留言、资源荐购（及时处理读者的反馈信息，重视读者的留言和荐购信息，加强与读者的沟通，互动的及时性有利于调动读者的参与热情，使互动过程良性发展）、资源评分、资源评论，图书分享至社交媒体，链接至豆瓣读书、Google 图书、亚马逊、当当网等网站，使读者看到形象、全面的信息。

　　关于图书馆自动化集成系统的更详细功能可以到图书馆实地体验和操作，尤其是采访、编目、流通、连续出版物管理、系统配置与维护的功能模块，也可以远程进入图书馆网页，实现无须到馆进行馆藏书目检索、我的图书馆（需要读者证号密码）等各项 OPAC 功能的了解。

思考题

1. 什么是图书馆自动化集成系统？
2. 国内外图书馆自动化集成系统的产品有哪些？
3. OPAC 的功能有哪些？

第三章

资源发现系统

图书馆都会购买很多文献数据库（如万方、维普、知网、超星、ScienceDirect、Emerald、Wiley、Taylor & Francis 等），但用户在进行文献检索（尤其是外文文献检索）时，不断在各个数据库间切换会使得操作流程变得很复杂，而且有些文献本馆未购买如何获取，如何能有效解决上述问题？这个时候我们就可以用到资源发现系统帮助我们快速检索或获取各种文献，包括所在的图书馆没有订购的文献。资源发现系统是一个类似 Google 的搜索平台，可以像使用谷歌学术一样，以简单的方式一站式、快速地检索图书馆购买的所有电子数据库和纸本资源以及发现与获取图书馆没有订购和收藏的全球其他开放获取内容和商业数据库资源（商业数据库需付费购买的内容无法直接下载全文，可以进行文献传递）。

本章主要介绍一站式资源检索平台与资源发现系统的功能、相关产品以及案例体验。

第一节　资源发现系统概述

随着信息资源数量的日趋庞杂，信息资源类型和获取渠道的日益多样化，对图书馆在资源整合与用户服务等方面提出了更高的要求。图书馆为了更好地服务读者，满足读者用户信息习惯的需求，使其在使用图书馆资源时也能同利用网络搜索引擎一样简单、便捷地查询各种类型的学术信息资源，推出了新一代的资源发现系统。Series Solution 公司于2009 年 7 月发布全球第一个网络级资源发现系统——Summon。自此，资源发现系统作为继 OPAC 公共联机查询目录后全新的学术信息搜索工具引起图书馆界的众多关注。

资源发现系统（Discovery Tools/Search Systems and Finding Tools, Next generation OPAC, a single search platform for all the resources），也称知识发现系统、统一检索平台、一站式资源发现平台。它消除了图书馆之间的资源共享障碍，能够方便快捷地整合数字文献信息资源，打破各馆之间单纯的搜索模式，基于海量的元数据中心仓储，提供类似 Google 的统一检索界面，通过便捷的入口对图书馆大部分资源进行访问，避免读者在不同数据库之间重复查找资料，并能在短时间内对检索结果进行显示、相关性排序等；在检索结果较多时，能够进行二次检索，提供详细的本馆馆藏信息。资源发现系统的原理是系统提供商通过与出版商等内容提供商达成协议，对海量的、来自异构文章及文章元数据，采用分析、抽取等手段进行预收集（pre-harvested），并将这些数据按映射转换规则转换为标准的格式，纳入到元数据标准体系中，形成一个预聚合的元数据联合索引库，实现海量数据资源在本地或者远程中心平台提供统一的搜索服务。

资源发现系统有助于读者快速、有效地在海量学术信息中查找和获取所需资料，一站式从多个数据库中搜索多种类型的资源，不仅是馆藏购买的纸质与数字资源，还能发现那些没有被图书馆订购的其他资源。资源发现系统提供了方便的原文获取途径，除提供直接的下载链接外，还提供原文传递、参考咨询、馆际互借、知识挖掘、情报服务等功能，缩减了全文获取、知识发现与分析的时间成本。

　　对于本馆纸质馆藏，资源发现系统融合了图书馆现有的 OPAC 书目检索功能，提供实时馆藏状态查询，读者登录后（"我的图书馆"账号即可登录），可以查看自己的当前借阅、当前预约、当前罚款、历史借阅，并可以进行续借、取消预约等常规操作。对于本馆数字资源，资源发现系统会根据来源数据库的不同，提供不同的在线查看链接，读者点击记录正文的"查看全文"或点击"详细信息"页中的相应链接，均可直接到达在线查看/下载页；对于图书馆未购买的资源，资源发现系统除了揭示资源外，还与原文传递系统链接。资源发现系统通过分面聚类、引文分析、知识关联分析等实现学术文献发现、深度知识挖掘、知识关联，为读者带来全新的用户体验[12-16]。

第二节　资源发现系统代表性公司产品简介

　　目前越来越多的图书馆选择使用资源发现系统，有外文资源发现和中文资源发现系统。下面通过介绍国内外几种不同的资源发现产品，希望能够帮助大家更好地了解资源发现系统。

表 3.1　资源发现系统一览

序号	系统	厂商
1	Primo Central（简称 Primo）	Ex Libris™
2	Summon	ProQuest ™
3	Encore	Innovative Interfaces™
4	EBSCODiscovery Service（EDS）	EBSCO
5	Find+	EBSCOHost& 南京大学数图实验室
6	Google Scholar	Google ™

序号	系统	厂商
7	超星发现	超星™
8	智立方	维普™
9	E 读	Calis
10	百度学术	百度™

目前，国外的资源发现系统主要有 EDS、Primo、Summon 等，国内主要有超星发现、Find+、百度学术、E 读等。

一、Ex Libris 公司——Primo

Primo 是 Ex Libris 公司开发的功能强大的一站式学术资源发现与获取系统，方便读者在海量的学术信息资源中快速、准确、有效地查找信息。Primo 学术资源发现系统为图书馆提供了涵盖馆藏纸本资源、订购的电子资源、机构仓储资源以及开放获取资源（Open Access，OA 资源）等类型的中外文资源的统一发现与获取服务的平台，为读者提供了单一入口的集成学术资源发现与获取服务环境。Primo 发现系统不仅是艾利贝斯公司统一资源发现与获取框架的核心，而且与下一代图书馆系统 Alma 无缝内嵌集成。发现系统既能发现图书馆已订购的纸质与数字资源和自建的特色资源库以及机构库资源，也能发现图书馆未订购的以及开放获取的数字信息资源。发现系统可以根据读者的 IP 范围来确定资源访问权限，没有访问权限的资源，指引读者到原文传递系统，有访问权限的资源，可以下载全文。

Primo 实现了与图书馆 OPAC 系统的无缝内嵌集成，即提供了 OPAC via Primo 接口，可以完全隐藏或替换图书馆现有 OPAC 系统，并且提供完整的 Web 2.0 服务，提供实时 OPAC 馆藏及单册流通状态信息显示，并允许已登录读者直接预约、续借图书；对于本馆的数字资源，Primo 会根据来源数据库的不同，分别提供不同的在线查看链接，读者只需点击记录正文的"查看全文"或点击"详细信息"中的相应链接，均可实现在线查看；对于馆内拥有的远程电子资源，Primo 对所有记录提供 SFX 菜单，可正确引导读者进入全文下载或其他服务页面。

Primo 的检索特性有：

（1）Primo 检索配置：支持用户自定义检索点，最多可达 60 个检索点。支持任意字段的全文检索，用户可自行定义需要建立全文索引的字段。

（2）中文检索功能：提供中文切分和中文简繁体汉字的通检。

（3）支持书目记录功能需求（Functional Requirements for Bibliographic Records，FRBR）和去重功能：提供书目数据需求服务，用户可以对收割来的各种数据记录自动进行 FRBR 合并以及去重功能。

（4）分面（Facet）功能：提供可由图书馆自行配置的分面，包括按主题、作者、图书分类法、馆藏、出版年、语种、资料类型等分面，提供可扩展的分面接口。而且按图书分类分面时，还能依据图书馆采用的分类体系，系统自动转化为具体分类名称或者描述。

（5）相关度排序功能：提供可由用户管理的相关度算法控制，因而可以实现本馆馆藏记录与集中索引检索结果的混合显示控制，可以确保图书馆本馆馆藏的相对优先的显示，从而方便读者查找和获取图书馆本地馆藏。

（6）个性化服务：Primo 提供完整的 Web2.0 功能。包括标签、评论、个性化排序、RSS 订阅、保存检索结果以及维基百科词条等各种丰富的信息和服务的混搭（Mashup）。

郑州大学图书馆为方便读者快速、准确、有效地在海量的学术信息中查找和获取所需信息，该馆采用了 Primo 资源发现系统。读者可以通过学术发现的用户界面，选择"全部资源"进行一站式资源发现和获取，既可以检索本馆馆藏书刊，也可以检索发现本馆订购或未订购的各类数字资源。该系统汇集数以亿计海量资源，包括馆藏纸质书刊、机构库资源、多媒体资源（如畅想之星随书光盘、超星名师讲坛）、期刊论文、电子图书、会议记录、学位论文、专利、标准等，提供全文获取链接或文献传递 SFX 链接。同时，也提供馆藏书刊状态信息（在架、索书号、馆藏地等）和登录"我的图书馆"功能，读者可在线查询借阅信息，进行预约、续借等操作。

图 3.1　郑州大学图书馆资源发现系统

Primo 资源发现系统的用户有中国农业科学院图书馆、中国科学技术大学、湖南大学、西北工业大学等图书馆。

二、Series Solution（现 ProQuest）公司——Summon

2009 年 7 月，ProQuest 旗下的 Serials Solution 公司（2004 年 7 月，ProQuest 公司收购合并了 Serials Solutions[17]）推出了一个能够消除资源之间的各种障碍，有助于揭示大部分馆藏资源的学术资源发现与获取系统 Summon。它为用户提供了一个简单便捷的检索框，用户可以输入任何想要的关键词，并在很短的时间内迅速地搜索、凝练和获取可靠的图书馆资源——图书馆购买的数据库、图书馆的纸本图书或期刊、中外文学位论文、专利、图书馆未购买的全球其他开放获取内容和商业数据库。Summon 避免了用户在各类数据库之间四处找寻，并且帮助读者获得可靠有序的结果列表，致力于为用户提供便捷的"一站式"检索，轻松搜索图书馆所有学术资源，像 Google 一样简单、快速、易用。

Summon 优于联邦检索和 OPAC，可以消除挡在用户和图书馆之间的根本性障碍：即用户不知从何处下手查找图书馆内的资料。它有一个与 Google 类似的简单检索界面，通过一个简单便捷且一目了然的检索起点，读者可以立即访问全面而广泛的权威资料。因此，读者只需一个检索框、一个结果显示屏、一种方式，即可发现、获取最值得信赖的资料。Summon 检索界面为用户提供基本检索和高级检索的检索方式，用户在使用图书馆的 Summon 系统时，不仅可以在本馆全部资源中进行相关检索，而且还可以将检索扩展到本馆馆藏之外。读者在检索的过程中可以看到来自 OPAC 或馆藏目录中的实时馆藏信息，点击检索结果，系统会呈现出按相关度排序的检索结果并通过 Open URL 链接解析器直接获取全文。当读者查找到的检索结果本馆没有收藏时，可以通过 Open URL 链接解析器所链接的馆际互借、文献传递等工具获取全文，还可以将检索结果保存，用邮件发送或直接导出到 Refworks 或 EndNotes 等工具中，也可以将设定的检索范围保留到下一次检索中。这使得用户能够轻松探索并充分利用图书馆的各种馆藏。同时 Summon 服务是一种托管式服务，因此工作人员只需要极少的时间，即可快速完成安装。通过开放式 API，Summon 服务能够与图书馆现有的系统无缝集成。

Summon 检索功能特性：

1. Summon 检索和检索结果

（1）Summon 提供基本检索和高级检索，检索结果按相关性进行排序，读者也可以根据自己的需求选择排序。

（2）当读者想要查看某条检索结果时，鼠标移动到该处，这条检索的基本信息会自动显示，包括：作者、文章摘要、文章所在出版物的名称、出版日期、卷、期、ISSN/ISBN、页码、语言、学科分类等。

（3）读者还可以在此系统上查看到来自 OPAC 或馆藏目录中的实时馆藏信息（例如某本书是否被外借、在图书馆哪个阅览室的具体位置、馆藏中还有几册可以借出等）。

（4）读者不仅可以在本馆资源中进行检索，而且还可以将检索扩展到本馆馆藏之外，在 Summon 服务收录的所有资源中进行检索。

（5）当读者查找到的检索结果本馆没有收藏时，Open URL 链接器为读者提供馆际互借、文献传递等方式获取全文。

（6）Summon 还支持符合用户使用习惯的智能搜索，比如智能关键词检索、自由体标识符检索和文章段落剪切粘贴检索等。

2. 个性化服务

（1）Summon 具有数据库推荐服务：当读者输入的关键词可能涉及一些专业数据库中的内容时，Summon 会推荐读者阅读相关数据库的信息，扩展读者信息的来源。

（2）纸质书与电子书同步发现：Summon 后台数据有专门的元数据馆员维护整理，会将同本图书的电子版和纸本一同显示，满足不同用户的使用习惯。

（3）Summon 有丰富的 API 接口，可以与图书馆自有系统做无缝集成，同时用户界面也可以高度自定义。

例如，山东大学图书馆使用 Summon 西文学术搜索，致力于为全校师生打造最便捷、有效的一站式查询服务，提高图书馆资源利用率。

图 3.2　山东大学图书馆 Summon 系统

Summon 资源发现系统提供馆藏信息链接，直接调用 OPAC 模块功能与界面，可显示馆藏位置和实时流通信息，如东南大学图书馆在 Summon 系统中实现了馆藏信息实时流通功能。

Summon 资源发现系统的用户有吉林大学、同济大学、华东师范大学等。

三、EBSCOhost 出版商——EDS

EDS（EBSCO Discovery Service）是美国 EBSCOhost 出版商的一站式文献检索平台。用户通过 EBSCO 发现服务，可以在一个强大的搜索平台上对图书馆的大部分资源进行发现获取——包括本馆馆藏目录、特藏资源、数据库、电子书等。EDS 使用了与 EBSCOhost 相同的直观特性，优化用户搜索体验。相比其他发现服务系统，EBSCO 发现服务专门提供了为提高学术研究而设计的服务。不同层次的学术研究服务具有独特的功能和工具，任何级别的学术研究人员——从本科研究到高级研究生均可在 EDS 上获得帮助。

EBSCO 发现服务为用户提供搜索索引的免费服务，在大多数情况下，用户在运行搜索之前不需要进行身份验证。大多数的发现服务

100%依赖链接解析器访问全文，而 EBSCO 发现服务是唯一一个直接在结果列表中显示 PDF 全文的发现平台。武汉大学、中山大学和西安科技大学图书馆等购买的 EDS 资源发现系统提供覆盖外文学术资源无缝的、一站式发现与获取服务，它整合了本馆的馆藏纸本资源和各类特色数据库等自建资源。对于本馆未购买的数据库，也可以提供元数据检索。系统支持开放链接服务，链接目标包括本馆所购买学术资源文摘和全文数据库、馆藏书目数据库、各类 OA 数据库、馆际互借和文献传递、参考咨询和各类网络资源库等，尽可能让用户通过简单的步骤获取全文。同时也可扩展检索非本馆资源，并支持文献传递系统，提供馆藏外文电子期刊的导航服务，支持按字母浏览、按学科浏览等多种期刊发现服务。

图 3.3　西安科技大学 EDS 资源发现系统

EDS 资源发现系统的用户有中山大学图书馆、中国矿业大学图书馆和武汉大学图书馆等。

四、EDS 中国本地化——Find+

Find+资源发现系统是美国 EBSCO 公司出品的 EDS 资源发现系统在中国大陆地区的本地化版本。Find+资源发现与服务系统利用 EDS 平台授权提供的国外出版商合法元数据和先进的外文多语种搜索技术，结合本地化服务功能，搭建的国内领先的、适合中国地区图书馆用户的知识发现系统。系统为读者提供统一的检索界面和统一的检索语言，使读者能对图书馆所拥有的各种资源系统进行一站式整合检索。所有不同类型和不同来源的数据检索结果将被统一且完全整合在检索结果中，致力于为国内图书馆用户提供高质量、低成本的学术资源发现和共享服务。

Find+系统包含外文资源发现、中文资源发现、馆藏资源发现三大模块，其中外文资源发现，是基于合法授权的内容丰富的元数据仓储和外文检索技术来实现的；中文资源发现采用元数据仓储检索技术，内容涵盖所有主流中文数据库；馆藏目录发现在揭示 OPAC 信息的基础上，扩展提供封面、目录、简介、评论、图书馆导购等多种增值服务信息。用户通过一个统一的检索界面，就能迅速获取所需文献。所有不同类型和来源的数据和检索结果将被统一且完全整合在检索结果清单中。更重要的是，系统通过独特的相关性排序（Relevancy Ranking），将这些海量数据汇编成序，方便读者用最短的时间找到所需的研究文献。

例如，天津科技大学图书馆购买的 Find+资源发现系统，整合了全球电子资源数据库的元数据信息，为用户提供图书馆电子资源和馆藏目录检索的一站式入口，方便用户查询和发现资源。该资源发现系统对接本机构的一卡通或 OPAC 等身份认证系统，对接本机构采购的电子资源，通过数据库厂商提供的直接全文链接以及链接解析器服务，为用户提供全文阅读服务。对本机构未采用的电子资源，在揭示元数据和摘要的基础上，通过对接 CALIS、国家科技图书文献中心（National Science and Technology Library，NSTL）等文献传递中心，为用户提供方便的传递服务。

Find+资源发现系统的用户有南开大学图书馆、辽宁大学图书馆、安徽大学图书馆以及南京大学图书馆等。

图 3.4　天津科技大学 Find+资源发现系统

五、Google 学术

Google 学术（Google Scholar）即 Google 学术搜索，是一个可以免费搜索学术文章的 Google 网络应用。2004 年 11 月，Google 第一次发布了 Google 学术搜索的试用版。该项索引包括了世界上绝大部分出版的学术期刊，是广泛搜索学术文献的简便方法。Google Scholar 的服务对象主要是科学家和各类从事学术研究的人士，其搜索的范围涵盖几乎所有知识领域的高质量学术研究资料，包括论文、专业书籍以及技术报告等。一方面它过滤了普通网络搜索引擎中大量对学术人士无用的信息；另一方面 Google 与众多学术文献出版商等合作，加入了许多普通搜索引擎无法搜索到的最新学术前沿动态。

2006 年 1 月，Google 公司宣布将 Google 学术搜索扩展至中文学术文献领域，提供了中文版界面，供中国用户更方便地搜索全球的学术科研信息。并在索引中涵盖了来自多方面的信息，信息来源包括万方数据库、维普期刊的学术期刊论文。

Google 学术检索特性：

（1）相关性：与 Google 网页搜索一样，Google 学术搜索根据相关性对搜索结果进行排序，最相关的信息显示在页面上方。这样的排序方式同时考虑到每篇文章的全文内容、作者、发表该文章的刊物，以及该文章被其他学术著作引用的次数等要素。

（2）全文搜索：在可能的情况下，Google 会搜索全文，而不仅仅只是摘要部分，给予用户对学术内容最为全面深入的搜索，与此同时也加强了搜索结果的相关性。

（3）非在线文章搜索：Google 学术搜索涵盖了各方面的学术著作，包括还没有在线发布的学术研究结果。比如，爱因斯坦的很多著作并未在线发布，但却被众多学者引用。Google 学术搜索通过提供这些引用信息使搜索者了解到重要的未在线发布的论文和书籍。

（4）多种语言界面：Google 学术同时提供了中文版界面供中国用户更方便地搜索全球的学术科研信息。目前，Google 学术搜索可搜索到用西欧语言、中文、葡萄牙语撰写的文章。

总体来说，谷歌学术针对性、专业性强，在结果排序时考虑到每篇文章的全文内容、作者影响度、发表文章刊物权威性，以及该文章被其他学术著作引用的次数等要素。这对诸多学术工作者具有十分重要的价值。

六、超星发现

超星发现以近十亿海量元数据为基础，利用数据仓储、资源整合、知识挖掘、数据分析、文献计量学模型等相关技术，较好地解决了复杂异构数据库群的集成整合，完成高效、精准、统一的学术资源搜索，进而通过分面聚类、引文分析、知识关联分析等技术实现高价值学术文献发现、纵横结合的深度知识挖掘、可视化的全方位知识关联。

图 3.5　中南大学超星发现系统

超星发现检索特性：

（1）超星发现检索方式：超星发现提供基本检索、分面检索、高级检索、专业检索等多种检索方式。读者只需在检索框中输入查询词，点击"检索"，系统将在海量的资源中查找相关的各种类型文献；点击搜索框后面的"高级搜索"链接，进入高级搜索页面，通过高级搜索更精确地定位读者需要的文献；分面检索可将搜索结果按各类文献的时间、文献类型、主题、学科、作者、机构等进行任意维度的聚类；专业检索辅助用户高效、便捷地查询获取资源。

（2）超星发现获取途径：超星发现在获得途径处提供万方、知网、维普等电子资源供应商名称，点击链接直接进入相应的数据库文摘页面进行在线阅读全文或下载，提供邮箱接收全文的文献传递获取方式。超星发现整合读秀、百链通过文献传递提供全文获取服务。

（3）超星发现可视化学术分析：超星发现基于自身技术优势以及强大的元数据层作为铺垫，可以详细地对各知识点、知识群进行深度的剖析和扩散挖掘，同时对数据进行科学的分析，帮助读者用户以及科研学者得到科学、严谨、规范的结果。

（4）引证关系分析：超星发现可实现图书与图书之间、期刊与期刊之间、图书与期刊之间，以及其他各类文献之间的相互参考、相互引证关系分析。借助超星发现的文献引用频率分析研究，可有效测定与评价某一文献、某一学科、某一作者，乃至某一机构的学术影响力、借助超星发现的文献间相互引证逻辑关系，可分析获得某一学术思想的历史渊源、传承脉络以及演变规律。

超星发现系统的用户有西安交通大学、上海交通大学、中山大学、吉林大学、天津大学、哈尔滨工业大学、北京师范大学、电子科技大学、北京航空航天大学以及东北师范大学图书馆等。

七、百度学术

百度学术搜索是百度旗下免费提供海量中英文文献检索的学术资源搜索平台，集成海量学术资源，融合人工智能、深度学习、大数据分析等技术，为科研工作者提供较全面快捷的学术服务。它支持用户进行文献、期刊、学者等内容的检索（全网搜索和本馆搜索），支持高校和科研机构图书馆定制版学术搜索（例如，中南大学百度学术、电子科技大学百度学术）等。还支持用户"订阅"感兴趣的关键词、"收藏"有价值的文献、对所研究的方向做"开题分析"、进行毕业论文"查重"、通过"单篇购买"或者"文献互助"的方式获取所需文献、在首页设置常用数据库方便直接访问，使用订阅、收藏和设置等功能时需要百度账号登录（单点"登录"，即只需登录百度任何一项应用，例如贴吧或文库，使用百度其他应用或功能无须再输入账号）。

（1）百度学术能够识别并且满足多种不同表达方式的检索需求，例如通过百度查找相关学术文献，输入题名或关键词，则转到百度学术检索结果页面。文献检索包括多种方式，关键词/主题检索、标题检索、数字对象唯一标识（DOI）检索（当用户的输入词为 DOI 时，搜索结果

图 3.6　百度学术首页

能够直接识别到目标文献，返回该文献的详情页）、参考文献串检索
（当用户的输入词为参考文献格式表示的一串内容时，搜索结果能够自
动分析该格式，找到用户寻找的目标文献）和高级检索。

（2）百度学术收录了包括知网、维普、万方、Elsevier、Springer、
Wiley、Emerald 等多个国内外学术站点（出版商），索引了超过 12 亿学
术资源页面，建设了包括学术期刊、会议论文、学位论文、专利、图书
等类型在内的 4 亿多篇学术文献。它支持两种方式的期刊检索，第一
种：搜索期刊名称，第二种：访问期刊库，在期刊库内通过浏览或者搜
索的方式找到所需期刊。百度学术收录的全部中文期刊可按照学科内
容、数据库以及首字母三种方式来查看，而顺序则是按被引量、发文
量、影响因子来排列的。

（3）百度学术支持用户通过追踪其他学者的研究进展来了解最新
的研究动向；另外学者本身可以关注自己的学术影响力，并可以管理自

己的研究成果在职称晋升、基金申请等时使用。目前，已经上线了包含400多万个中国学者主页的学者库，入驻后的学者只需要认证自己的学术主页，便可以享受百度学术为他们提供的根据全网文章数据，自动帮学者聚合学术成果的服务。用户可以登录百度账号关注自己感兴趣的学者，实时查看学者动态，获得想要的学术资源。而学者则可以利用百度学术打造自己的学者名片，提升学术影响力，并且能够实现实时监控他人引用自己的文章，方便了解成果的影响力。

（4）为方便用户及时追踪所关注领域的科研进展，百度学术提供了"订阅"功能，目前支持对关键词进行订阅，当有与订阅关键词相关且符合订阅设置的新研究成果出现时，会自动推送给用户，推送频率为每周 2~3 次，推送包括系统消息推送、邮箱推送、微信推送三种推送方式。在这一栏目下用户可订阅感兴趣的领域，随时获悉该领域的科研动态，学者动态以及论文被引情况，还可以建设个人主页，查看自己的论文成果汇总、影响力指数和多维度展示学术成果的统计图。用户在搜索过程中，若遇到有价值的文献需要保存用于后续查看或者记录阅读思路等使用时，百度学术提供了方便的"收藏"功能，支持用户随时随地收藏所需文献，并支持下面一系列操作：①分类：支持用户根据自己的需要建设多个标签，并将收藏论文按标签进行分类，方便查找和记录。②批量导出：可以从收藏列表中选择所需文献进行批量导出，支持6 种导出格式。③文献详情：方便查看文献的题录信息、下载全文、引用文献。④推荐文献：方便查看收藏文献的相似文献、参考文献、引证文献等。⑤全文阅读和添加备注：若有全文，可直接查看 PDF 全文，并随时备注自己的思路。若无全文，也可将用户本地文件上传到收藏夹内用于记录。

（5）百度学术运用大数据处理技术，依托收录的海量学术文献，推出了"开题分析"这一产品，辅助用户完成开题。开题是科研用户在开始从事或想要了解一个领域研究进展、研究热点等经历的过程，例如博硕士生毕业论文选题和开题。开题分析的功能为实现研究领域可视化分析，相关文献的深度发掘，用户输入标题和关键词得到关于每个标签的简介，以及关于研究走势、关联研究、学科渗透、相关学者和相关机构的统计图，这些统计图简洁直观地反映了研究学科的发展与相关领域的内容。还能进行相关主题的经典论文、最新发表论文、综述论文和学术论文的推荐。

（6）百度学术除了提供原文获取途径，下载链接之外，还提供了单篇购买和文献互助功能。百度学术联合中国教育图书进出口有限公司（CEPIEC）共同推出了单篇购买服务，支持用户通过百度学术直接购买国外合作数据商的文献，目前合作的数据商包括 Wiley、Cambridge、Talor 等出版商，文献支持在线购买。另外，为方便用户获取文献全文，百度学术除了通过技术索引尽可能多收集互联网上提供的可免费下载的文献外，还搭建了用户和用户之间的文献互助平台，方便用户进行以学术交流为目的的资源共享，文献互助是一个互相帮助的平台，用户发布求助文献后，其他用户可以帮助提供文献全文。

百度学术的用户有中南大学、电子科技大学、浙江大学图书馆等。

八、CALIS——e 读

e 读是 CALIS 的学术搜索引擎，它集合了高校所有的资源，整合图书馆纸本馆藏资源、电子馆藏和相关网络资源，是为读者提供"一个账号、全国获取""可查可得、一查即得"一站式服务的原文文献获取门户。CALIS 成员馆的读者用户均可获得 e 读所提供的文献获取服务。

读者在 e 读学术搜索平台上检索信息，可将检索范围具体到一个图书馆或扩大到全国，给予读者最大化的自主性。e读平台与本地图书馆关联，读者可以在此查看纸本馆藏，到馆借阅，也可借助其电子全文获取资源。如果读者查询资源未被本馆收录，可以通过系统提供的馆际互借与文献传递服务获取资源。

图 3.7   e 读资源发现系统

九、维普公司——智立方

维普智立方是维普公司依托本公司强大的资源体系建立的知识资源发现的大数据服务平台。整合了中外文期刊、学位论文、会议论文、专利、专著、标准、科技成果、产品样本、科技报告、政策法规等多种文献类型，并且提供一站式检索和全文保障服务，提供分面聚类、相关排序等多种检索结果寻优途径，同时提供直接下载/在线阅读、文献传递等文献获取方式。维普智立方支持用户 IP 地址绑定认证登录的方式，只要 IP 地址在授权访问的 IP 地址范围之内就可以直接进入使用，无须登录。

维普智立方的检索功能：

（1）智能的文献检索系统：用户可直接在平台首页的检索框中输

图 3.8　智立方资源发现系统

入检索条件进行检索，该检索条件可以是题名、关键词、作者名、机构名和基金名等字段信息。

（2）灵活的聚类组配方式：系统提供基于检索结果的文献类型、所属学科、发文作者、相关主题、相关机构等分面聚类功能，用户可以通过左边聚类面板浏览并勾选目标分类，然后在聚类工具中查看并确定所选分类，点击"执行"后即可筛选出需要的文献资料。

（3）深入的引文追踪分析：系统支持查看单篇或多篇文献的引用分析报告，读者可以在文献列表页勾选目标文献，点击"引用追踪"，可实现针对任意单篇或多篇文献，提供其参考文献、引证文献、引用追踪的延伸查询功能，帮助用户深入地追踪研究课题的来龙去脉，直观地分析研究课题的总体发展趋势和学术影响力情况。

（4）详尽的计量分析报告：平台提供基于任意对象的计量分析报告，该报告是以学术计量体系为理论基础，以大数据分析为技术储备，以中文科技期刊数据库为数据原型，经过严密的计算后自动生成。通过阅读该报告，读者可以快速掌握相关领域内的前沿学术成果，了解相关学术信息。

（5）学科知识图谱可视化描述：基于不同学科领域绘制的各类知识图谱，以可视化的方式直接向用户揭示领域研究概貌，呈现学科研发态势的分析结果。

（6）完善的全文保障服务：用户可在该平台上在线阅读、全文下载、原文传递、OA 全文链接以及 V-link 综合链接解析服务。

重庆大学图书馆和宁波大学图书馆利用重庆维普智立方资源发现系统和维普智图构建了纸质与数字资源统一管理、检索、发现、获取、包括元数据收集、数字资源编号和集成搜索上亿篇纸质与数字资源。

十、读秀学术搜索

读秀学术搜索是由中文图书资源组成的知识库系统，它以 200 多万种中文图书资源为基础，提供深入图书资源内容的全文检索、部分文献的全文试读，揭示图书的封面页、版权页、书名页、前言页、目录页、部分正文页。同时，它还与图书馆电子图书数据库、馆藏目录系统挂接，方便读者使用（点击"本馆电子全文"即可链接到本馆订购的超星电子图书；点击"馆藏纸本"按钮可链接到本馆馆藏目录）。读秀集文献搜索、试读、文献传递和参考咨询等多种功能于一体，为读者提供知识、图书、期刊、报纸、学位论文、会议论文、音视频、文档等多种搜索。其中知识搜索是读秀的核心功能，可以在被打散的海量图书的章节内容中搜索包含有检索词内容的知识点，为读者提供了全新的搜索体验，特别适合于交叉学科领域资料的收集和查找。读秀提供图书部分原文的试读功能，还可通过电子邮件获取部分全文内容，以及多种获取图书途径信息。为了保护作者版权，每本图书单次文献传递不超过 50 页，同一图书每周的文献传递量不超过全书的 20%。所有文献传递内容有效期为 20 天，其他部分需要等到这些链接失效以后再次申请文献传递。

图 3.9 读秀学术搜索

第三节 资源发现系统技术特点与功能

资源发现系统以现存的海量元数据为基础的新一代检索系统，允许用户通过类似于百度、谷歌的简单检索方式（一框式或一站式检索）进行基于标准索引快速检索，从而实现对图书馆大部分纸质与数字资源的发现和获取。资源发现系统与 ILS 的整合，尤其 OPAC 功能，将用户续借、预约、个人记录查询等服务功能在发现系统中体现出来。具体功能包括：

（1）统一发现和统一检索。通过使用统一界面上的单一检索框，提供类似 Google 的简单检索，用户不必在各个数据库系统之间跳转，不必花费很大的精力去学习和掌握各个数据库系统的使用方法，可以自己使用互联网的经验来使用图书馆的资源发现系统。统一资源发现系统可以实现对图书馆纸本资源和电子资源的整合，能够同时检索图书馆各种类型的资源，甚至包括那些没有被图书馆订购但被中心索引覆盖的其他资源，如开放获取资源等。

（2）资源发现系统不但能够显示馆藏位置和实时流通信息，还可以进行预约和续借。资源发现系统要解决的核心问题是馆藏书目数据增量的处理，馆藏实时流通信息的获取和读者借阅状态信息的获取与联动。

（3）检索速度的提升与检索结果的显示。由于统一资源发现系统是基于格式统一、结构清晰的元数据中心索引进行的检索，因此检索速度可以达到秒级，甚至毫秒级。其检索结果可进行不同版本、不同媒介形式的聚类显示，可进行相关性排序、按时间排序等。在命中结果较多时，能够进行分面检索，同时，检索结果能够提供详细的书目信息和实时馆藏信息。

（4）原文链接与获取。目前的统一资源发现系统都集成了原文获取链接功能，可以实现对全文的链接与获取。五家公司的原文链接服务产品主要有：Serials Solution 公司的 360 Link、Exlibris 公司的 SFX、EB-SCO 公司的 Link Source、OCLC 的 WorldCat Link Manager 以及 Innovative Interfaces 公司的 WebBridge LR 等。通过这一服务，可以实现对图书馆书目系统、全文数据库、文摘和引文数据库，乃至原文传递、参考咨询、馆际互借等服务的集成。馆内没有的资源，在检索结果页提交"文献传递"申请，邮箱接收全文。

（5）Web2.0 功能及移动服务的支持。统一资源发现系统的Web2.0 功能有效地提升了用户体验。例如，对检索结果提供内容敏感的特定资源推荐或者补充结果集的资源推荐；允许用户对检索结果创建标签、评分、发表评论等；提供可视化的标签云图；混搭维基词条、图书封面、网摘、目次和读者评论；支持移动服务。系统的全部内容都可以通过移动终端有效检索，有效地解决了某些内容在移动检索终端进行检索时被排除在检索结果集以外的问题。

资源发现系统使用的一些技术包括：

（1）OpenURL：资源发现平台通过 Open URL 链接解析器链接到全文。通过 Open URL 链接解析器直接获取全文；当读者查找到的检索结果本馆没有收藏时，可以通过 Open URL 链接解析器所链接的馆际互借、文献传递等工具获取全文。

（2）SFX 链接解析器：SFX 是上下文敏感链接系统，Primo 对所有记录提供 SFX 菜单，可正确引导读者进入全文下载或其他服务页面。对于部分电子资源则还提供了直接下载链接。SFX 是应用最广泛的、原创的链接服务器，为图书馆链接到各类电子资源提供了一种基于标准的方法。SFX 为读者提供上下文敏感链接，可直接连接到全文和其他图书馆定义的资源，包括 OPAC 的本地馆藏、文献传递供应商、相关网络资源和服务、本地信息资料库以及其他服务。

（3）MetaLib 联邦检索系统：基于跨库检索系统的数字资源整合，称作联邦检索，将一个检索请求同时转换并发送到多个异构的数据库，将检索结果进行归并和统一展示的整合系统。联邦检索解决了数字资源一站式检索的问题，然而在检索速度、检索结果的去重和排序等方面存在难以克服的缺陷，且只能整合本馆资源。MetaLib 是一种集成检索引擎，提供国内外大多数商业数据库的搜索知识库，图书馆根据购买的商业数据库进行数据库资源配置（如数据库地址等）。当用户获取全文时，采用 SFX Source 提供全文链接服务，可以解析从链接源传来的标准 Open URL 链接，最终生成全文链接地址，并提供多个系统平台选择，用户可以在响应速度最快的服务器中获取全文。

（4）Mashup：检索词提示、标签、评论以及维基、网络摘要、著者简介、网络目次等各种资源和服务的混搭。

（5）Ajax：创建交互式网页应用的网页开发技术，在不重新加载整个网页的情况下，对网页的某部分进行更新。传统的网页（不使用AJAX）如果需要更新内容，必须重载整个网页页面。

（6）Z39.50：异构系统实现互操作的通信协议。

资源发现系统也存在一些问题，例如在中外文信息资源覆盖方面，国外资源发现系统对外文资源整合的效果比较好，但对中文资源的整合和元数据索引普遍不足，即不能满足查全率。目前多家国外资源发现系统厂商都对维普的中文数据进行了整合，像 EDS 整合了方正 Apabi 电子书，将更多的中文资源整合进发现系统中。还有全文获取链接不准确或失效，不利于用户信息素养和信息检索技能的提高等问题。

每所图书馆使用的资源发现系统数量不等，有的图书馆仅使用一个发现系统，有的图书馆使用两个或两个以上的资源发现系统。在多数图书馆中，使用最多的发现系统是超星发现。笔者认为，在经费较宽裕的情况下，尝试引进一个外文发现系统（如 Primo、Summon、EDS 等）以及一个至几个中文发现系统，这样，覆盖的中外文资源范围更广，以实现国内外发现系统的优势互补。

第四节　资源发现系统案例与功能体验

一、国家农业图书馆——Primo

国家农业图书馆是国家农业科学数据中心，拥有全国最丰富的农业科技文献信息资源，在 2000 年被确定为国家科技图书文献信息中心的农业分馆，承担 NSTL 国际农业科技文献数字化和馆藏文献数字化加工等任务。国家农业图书馆借助 Ex Libris 公司的 Primo 知识发现平台为读者提供一站式的查询获取服务。为更好地了解国家农业图书馆 Primo 资源发现系统，下面我们将详细展示在该平台上的检索体验和功能与特点。

进入国家农业图书馆的主页，选择整合检索，在检索框输入要搜索内容的关键词，例如输入关键词"有机农业"，点击"检索"按钮，就会跳转到检索结果的页面，如图 3.10 所示。当然，读者也可以点击右侧"高级搜索"进行查询，获得更加精准的结果。

图 3.10　学术搜索的一站式检索框

在检索结果界面中，最先看到的是维基百科对检索词"有机农业"的解释，辅助读者更好地理解检索的主题。其次系统将检索结果按照相关性进行排序，读者也可以点开相关性一栏的下拉菜单，选择按照最新日期、受欢迎度、作者和题名的顺序排列。为了获得更加准确和全面的资源，读者可通过左侧的分面导航扩大或缩小检索结果，如图 3.11 所示。

Primo 系统提供了在线查看的链接，以《有机农业与气候变化》这

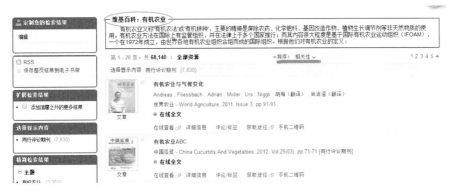

图 3.11 检索结果界面

篇文章为例：点击检索结果界面中的"在线查看"如图 3.12 所示，系统自动转入了维普期刊资源整合服务平台，如图 3.13 所示。此时读者可以在线阅读、下载全文、收藏本页、导出题录、分享。还有关于这篇文章的详细内容，如作者、机构地区、出处、摘要、关键词、分类号，在这些介绍后面还可以查看高影响力作者、机构、期刊、被引论文，查找到更全面的资源。

☆ **有机农业与气候变化**

Andreas；Fliessbach；Adrian；Miiller；Urs；Niggli；胡梅（翻译）；尚洁澄（翻译）

世界农业 - World Agriculture, 2011, Issue 3, pp.91-93

● **在线全文**

在线查看 ⧉   详细信息   评论/标签   获取途径 ⧉   手机二维码

图 3.12 在线查看

在检索结果界面读者点击"详细信息"可查看这篇文章的题名、著者、主题、来源于、内容等信息；点击"获取途径"界面会出现获取资源的多种途径的 SFX 链接。Primo 系统提供了三种获取途径：第一种为全文获取，可以从维普资源整合服务平台、中国期刊全文数据库、

图 3.13 跳转到维普期刊资源整合服务平台

万方数字化期刊、国家哲学社会科学学术期刊获取全文；第二种为馆际互借，可以通过文献传递服务获取文章；第三种为馆藏查询，通过查看本馆或者其他馆的馆藏目录进行查找，如图 3.14 所示。

Primo 不但能够显示馆藏位置和实时流通信息，还可以进行预约、续借、写评论、加标签，添加到"电子书架"等操作，并提供"个人空间"服务，包括电子书架、借阅信息（含借阅历史、预约记录、通知及罚款记录）、检索历史、RSS 订阅等，即 Primo 提供个性化服务，读者可将检索结果列表中需要的记录保存在电子书架中，以便在需要时重新使用保存的请求；通过订制 E-Mail 或 RSS 信息推送服务，可以跟踪所保存的检索请求的最新结果。EDS 资源发现也可呈现馆藏位置和馆藏实时状态，支持用户互动，如为图书写评论，加个性化标签等。

国家农业图书馆学术搜索系统
National Agricultural Library Academic Search System

题名：有机农业与气候变化
来源：世界农业 [1002-4433] 年:2011 期:3 页:91 -93

全文获取
- 获取全文，可通过 维普资源整合服务平台 Go
- 获取全文，可通过 中国期刊全文数据库（CJFD） Go
- 获取全文，可通过 万方数字化期刊 Go
- 获取全文，可通过 国家哲学社会科学学术期刊数据库（NSSD） Go

馆际互借
- 请求文献传递服务，可通过 原文订购 Go

馆藏信息
- 查询馆藏，可通过 本馆馆藏目录 Go
- 您还可以查看： 其它馆藏目录
  全国期刊联合目录 ▼ Go

图 3.14 获取途径 SFX 链接

二、浙江大学图书馆——Summon

浙江大学图书馆使用的资源发现系统是 ProQuest 公司的 Summon 资源发现系统。打开浙江大学图书馆官网，进入图书馆首页，选择"求是学术搜索"标签，即资源发现与获取系统。在检索框内输入检索词点击"搜索"（见图 3.15 所示），可以搜索到与关键词有关的各类学术资源。读者也可以利用高级检索（见图 3.16 所示）填写字段、出版日期范围、限定文献类型范围、限定学科分类范围、选择语言等进行搜索。

在检索框内输入"文献分类学"点击"检索"或者使用"高级检索"之后出现（见图 3.17 所示）所示检索结果。检索结果中，所有文

图 3.15　浙江大学图书馆首页

图 3.16　高级检索

献按照相关性进行排序，读者也可根据自身需求选择按照时间最新或时间最早的顺序排列。接下来，读者可以对海量的资源检索结果进行精练。可以通过左侧的内容类型、出版时间、学科、主题词等进行精练检索，如果勾选右上角"加入本馆馆藏之外的更多结果"的复选框，就会出现比之前多的检索结果，可以检索到 2 960 条。

以《文献分类学》为例：读者可以在检索结果界面上查看本书作者、主题、馆藏等相关信息（如图 3.18 所示）。此外读者还可以点击"永久链接"复制后在任何浏览器粘贴就可以直接进入保存链接的这本书，点击"引文"选择引文格式进行引用，也可以打印引文信息或使

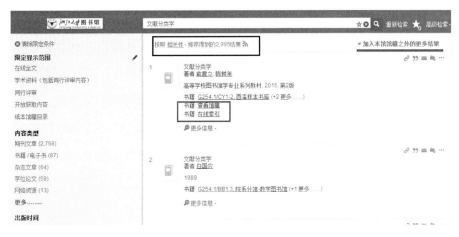

图 3.17　检索结果界面

用"邮件发送"。

图 3.18　文献详细信息

　　点击检索结果或者点击在线全文跳转到维普期刊资源整合服务平台，查看该文章的详细信息和下载全文。

我们看出, Summon 资源发现系统提供馆藏信息链接, 直接调用 OPAC 模块功能与界面, 可显示馆藏位置和实时流通信息, 例如, 北京大学图书馆在 Summon 系统中实现了馆藏信息实时流通功能, 并且期刊文章是跳转到维普期刊数据库中进行获取。Find+资源发现系统、超星发现和智立方学术搜索仅收割了馆藏 MARC 数据, 用户要查询自己的借阅情况或预约续借等必须进入 OPAC 系统才能操作。例如, 南京大学图书馆 Find+学术发现检索到馆藏图书, 点击馆藏链接, 跳转到汇文 ILS 的 OPAC 检索结果页面。Find+资源发现系统对于学术期刊文章, 读者可通过 "万方全文" "维普资源" 或 "阅读全文" (知网) 三种方式获取全文 (如图 3.19 和图 3.20 所示)。而超星发现对于学术文章的获取途径有 OA 资源、万方、维普、CNKI (超星发现已对该馆的相关数据库做了挂接, 会显示包库或镜像)、超星期刊数据库以及百链云文献传递方式 (如图 3.21 和图 3.22 所示)。

图 3.19　Find+ 获取期刊全文方式

详细信息
- 万方全文
- 维普资源
- 阅读全文

医学信息检索与利用课程改革探讨

标题：	医学信息检索与利用课程改革探讨
作者：	巩永强;任淑敏;吕少妮
作者机构：	[巩永强;任淑敏;吕少妮]济宁医学院医学信息工程学院 日照
来源信息：	医学信息学杂志，2014,0(7)
关键词：	医学信息检索;信息检索与利用;课程改革;
摘要：	从教师和学生角度分析医学院校信息检索与利用课程教学中存在的缺点和不足,在此基础上提出改进建议,包括创新教学理念、开展基于问题的教学、与专业课程进行整合、重视实践教学、构建开放的教学平台等方面,以期提高医学院校信息检索与利用课程质量。

图 3.20　Find+ 获取期刊全文方式

[期刊]　本科生信息检索能力实证分析：兼论《文献检索》课程改革 CSSCI　♥收藏　＋分享到

核 引证(26)

作者：周剑（西南大学（北区）图书馆）

出处：中国图书馆学报 2013 第2期 P121-129 1001-8867

关键词：信息检索 能力测评 信息素养 课程改革

摘要：信息检索能力是良好信息素养的必要条件。本文基于本科生大量使用搜索引擎获得信息这一现实。根据四个不同样本，测量本科生信息检索能力，并检验《文献检索》课程效果。事实证明...

获得途径： OA资源　万方(包库)　维普(镜像)　CNKI(包库)　文献传递

保存题录

图 3.21　超星发现获取期刊全文方式

全国图书馆参考咨询服务平台

✎ 您需要的全文将发送到您填写的邮箱中，请注意查收。

咨询标题：	本科生信息检索能力实证分析：兼论《文献检索》课程改革
	详细信息 ⌄
电子邮箱：	
	请填写有效的邮箱地址，如填写有误，您将无法收到所申请的内容！建议使用QQ邮箱！
验证码：	看不清楚？换一张
	不区分大小写

确认提交

图 3.22　超星发现提供百链云图书馆文献传递获取全文

第五节　资源发现系统与 OPAC 的比较

随着信息资源数量的急剧增加和用户面对来自多渠道庞杂信息的准确检索需要，作为图书馆集成系统重要一员的联机公共检索目录（OPAC）与一站式的资源发现系统都体现出了一定的优缺点。

1. 在检索范围和文献获取方面来看

资源发现系统有助于读者快速、有效地在海量学术信息中查找和获取所需信息，一站式从多个数据库搜索多种类型的资源，不仅是馆藏购买的纸质与数字资源，还能发现包括那些没有被图书馆订购的文献。OPAC 主要用于查找本馆纸质资源，虽然也集成了随书光盘、电子图书等电子资源相应的获取链接，但它更侧重于纸质馆藏检索和借阅信息的查询以及图书馆事务的处理，在检索范围上不及资源发现系统。

资源发现系统提供了方便的原文获取途径，除提供直接的下载链接外，还提供原文传递、馆际互借、知识挖掘、情报服务等功能，缩减了全文获取、知识发现与分析的时间成本。通过 OPAC 检索到的馆藏书目，到图书馆借阅或点击网上书店和豆瓣的链接等查看，如果有对应该本图书的随书光盘链接和电子图书链接的话，则可以在机构 IP 地址范围内下载随书光盘和阅读电子图书，OPAC 目前不提供馆际互借的功能。

2. 在可视化方面来看

陈芳调研发现 Primo、Summon、EDS、超星、e 读等资源发现系统都具有可视化内容[18]。EDS 提供文献图片格式预览及相关词的检索图片，超星提供文献发表年度趋势图，还提供"多主题对比"和"学术成果统计"的图示分析。国外资源发现系统中，Primo 可视化程度较高，例如中国社会科学院学术资源发现平台；在我国学术发现系统中，超星提供专门的"可视化学术分析"功能，包括趋势分析、知识图谱和产出统计三部分。但传统的图书馆 OPAC 通常以列表的方式排列检索结果，单纯文字描述略显呆板，不利于深度揭示馆藏资源以及文献间关系等。

3. 从与用户的互动上来看

资源发现系统在互动方面致力于提供原文链接与获取全文，通过这一系列功能基本能够实现全文数据库检索、获取利用、全文传递以及馆际互借的功能，同时提供社交网站，读者可以将自己感兴趣的资源分享到微博等社交网站，利于信息资源的传递分享与再次利用。OPAC 除馆藏书目检索、续借、超期提醒功能外，当前 OPAC 还提供荐购、评论、定制、纠错、购书网站链接和社交网站分享等。两者在互动性上均增加了 Web2.0 相关功能，如评论、分享、纠错、混搭等。

4. 在个性化服务上看

资源发现系统与 OPAC 都在用户检索时提供分面搜索、关键词和相关推荐，用户也可以按照自己的需求进行排序检索。OPAC 提供添加评论、标签、二维码扫描，链接购书网站、纠错和 RSS 订阅服务更为普遍。资源发现系统则在用户与外界进行资源交流的社交网站上的个性化体现得比较多，可以让用户根据自己的喜好进行检索结果的整理与保存，满足读者用户网络上的信息资源的交流学习。葛梦蕊调查发现，相比 OPAC，资源发现系统更为个性化，例如 e 读和读秀赋予用户更多的自主权限，用户可以根据自己的喜好对自己的空间主页进行修改[19]。

5. 资源发现系统与 OPAC 的融合

面对未来越来越多的庞杂信息，读者用户希望以更简单方便的途径检索到更为丰富更为准确的信息资源，这时融合资源发现系统与OPAC就很有必要了。融合资源发现系统与OPAC可以实现馆藏纸质资源与各类型电子资源的统一检索查询，支持图书馆藏借阅状态查询和查询资源馆藏地的统一集成，像Summon、Primo、EDS等资源发现系统，能够显示馆藏位置和实时流通信息，还可以进行预约、续借、写评论、加标签，添加到"电子书架"等操作，并提供"我的图书馆"功能，包括电子书架、借阅信息（含借阅历史、预约记录、通知及罚款记录）、检索历史、RSS订阅等，较好地实现了资源发现系统与ILS的整合，尤其OPAC功能，将馆藏实时流通信息、读者借阅状态信息、用户续借、预约等服务功能在发现系统中体现出来。

下一代图书馆服务平台也很好地体现了两者融合的特点，目前市场一些已知的下一代图书馆服务平台产品有：Exlibris的Alma、Innovative Interfaces的Sierra、Serials Solutions的Intota、OCLC的WorldShare Management Services（WMS）等。通过这些平台，用户可以更方便快捷地实现统一检索和获取纸质与数字资源以及体验更多特色服务。

思考题

1. 资源发现系统与传统的联邦检索的创新之处在于？
2. 请简述目前国内所使用的资源发现系统存在的问题。

第四章
下一代图书馆服务平台

在美国《新媒体联盟地平线报告 2017（图书馆）》中，2017 年 1 月提到影响图书馆发展的六大技术，包括物联网、大数据、数字技术、人工智能、在线认证、图书馆服务平台，后面五大技术都是首次提及，并预测 2019 年图书馆服务平台将大范围采用。2012 年就有人提出了 "Next Generation of Library Management Systems" "Next Generation Integrated Library System" "Library Service Platform"，国内称为 "下一代图书馆自动化系统" "新一代图书馆服务系统" 或 "图书馆服务平台"，本书称作 "下一代图书馆服务平台"，本章就图书馆服务平台这一下一代图书馆管理系统作一介绍。

第一节　下一代图书馆服务平台概述

自 20 世纪 80 年代末至 90 年代初以来，图书馆自动化集成系统（ILS）从开始部署到快速实施，直至近年来几乎各图书馆都在应用，但经过 30 年的变迁，特别是过去 10 余年信息技术的快速发展，使图书馆面临巨大转变。在资源方面，电子资源逐步取代印刷资源成为主体，许多其他数字格式资源，如电子书（E-books）、网络资源、开放获取资源（Open Access）、机构知识库（Institutional Reproprity，IR）、科学数据等数量激增且使用量在上升；在服务方面，用户需要即时搜索、便捷获取纸质与数字资源。与之相反的是，ILS 却在处理图书馆日常工作方面已出现明显不足，尤其是数字资源与纸质资源的统一管理与服务。为此，图书馆和系统提供商针对图书馆全媒体资源的统一管理和数据共享等问题，提出并实施了下一代图书馆服务平台（LSP）。"图书馆服务平台"这一概念较早地由美国图书馆自动化专家马歇尔·布瑞丁（Marshall Breeding）于 2011 年 8 月提出，定义为：这种新一代的产品，更确切地应该称为图书馆服务平台，而不是图书馆集成管理系统，其目标就是通过一个可处理各种不同类型资源、更加包容的平台，用于简化图书馆业务。他认为，图书馆服务平台能够使图书馆获取和管理多种形式的馆藏资源、支持多种采购流程、为每种形式的资源提供与其相适应的元数据管理环境、通过提供应用程序编程接口（API）及其他互操作协议，集成发现服务或支持独立的发现界面，将作为其主要特性[20]。布瑞丁在 2015 年指出新一代图书馆管理集成系统最显著特点是统一处理纸质与数字资源，可提供灵活的多种元数据管理功能。这些产品通过全球化、多租户平台交付，由互联网浏览器提供所有接口，因此不需要本地服务器或工作站软件，即基于面向服务的体系结构（Service Oriented-Architecture，SOA）的软件即服务（SaaS）的云计算多租户平台，同时提供 API，便于其他应用程序或系统获取其所需的数据[20]。

下一代图书馆服务平台，是将原先分散的解决方案合并，包括原有的自动化集成系统 ILS、链接服务器 SFX、资源发现系统等无缝集成，对纸质资源和数字资源统一管理，从采访、编目、检索全过程管理和提供这些服务，将资源选择、印刷资源管理、电子资源管理、数字资产管理、元数据管理、链接解决方案、资源发现整合在同一个系统中。不仅体现在资源发现方面，还包括图书馆业务流程以及纸质与数字资源的采访、编目等管理。它是不同于资源发现系统的，如 Primo 资源发现系统既可以检索馆藏目录，又能检索中外文文献，但因其不具备采访、编目以及图书馆业务流程管理等功能所以不能称为下一代图书馆服务平台。布瑞丁通过分析新一代图书馆管理集成系统和发现平台的关系，二者联合构成所谓的"图书馆服务平台"。典型的组合如 Alma 和 Primo（Exlibris 产品），WorldShare Management Services（WMS）和 WorldCat（OCLC 产品），Intota 和 Summon（ProQuest 产品，Intota 图书馆服务平台原为 Serial Solutions 的产品被 ProQuest 收购）[20]。新一代图书馆管理集成系统都是对图书馆业务提供后端支持，用户能看到的是资源发现平台，如北京师范大学图书馆的"木铎搜索"，使用"木铎搜索"检索馆藏纸本资源、数字资源以及发现本馆未购买的资源，可以理解为 OPAC 消失或升级替换，在该馆主页上已经看不到"馆藏目录"检索标签或链接，而在清华大学图书馆主页虽然有"馆藏目录"字样，链接和水木搜索相同，即点击馆藏目录检索，也跳转到水木搜索（Primo 发现平台），可能是为了适应和过渡，暂保留馆藏目录检索链接。类似的，还有香港中文大学（深圳校区）图书馆等。

目前，许多供应商已经有成熟的新一代 ILS 产品投入图书馆市场。当前被称为"下一代图书馆服务系统"广受关注的主要有 ProQuest 公司的 Intota 系统、Exlibris 公司的 Alma、Innovative Interfaces 公司的 Sierra、开源软件 Kuali OLE、OCLC 的 WMS 以及 VTLS 公司的 Open Skies。业界强强合并和新产品不断推出，EBSCO 和 Kuali OLE 建立新合作关系，ProQuest 相继收购 Exlibris 和 Serial Solutions（Intota）；Innovative Interfaces 并购了 Polaris 和 VTLS；Sirsi Dynix 推出基于多租户的云计算

系统。

截至 2017 年 10 月，ProQuest 旗下新一代 ILS 产品 Alma 在全球有近 626 个用户，Innovative Interfaces 新一代 ILS 产品 Sierra 在全球已经有 514 个用户，OCLC 新一代 ILS 产品全球共享管理服务（WMS）在全球有 386 个用户，Sirsi Dynix 把 BLUEcloud 应用套件集成到 Symphony 和 Horizon 自动化集成系统的产品中，提供电子资源管理、获取和分析。此外，厂商和开源软件开发者也在开发新一代 ILS，具有代表性的 Serial Solutions 的 Intota，及由安德鲁 W. 梅隆基金会资助（包括芝加哥大学、宾西法尼亚州立大学、Kulai 基金等）并合作自主开发的开源软件系统 Kuali OLE 等。

相较于当前的图书馆集成管理系统 ILS 而言，下一代图书馆管理系统 LSP 具备两个基本特征：首先，它采用面向服务的体系架构 SOA，基于云计算软件即服务方式，整个界面和功能通过浏览器访问提供，无须在本地安装和维护客户端，使图书馆免除了硬件和维护的成本投入。无须管理本地硬件、客户或升级，减少了基础管理活动对专业技术人员的需求。其次，它是服务也是平台，具有高度的开放性和集成性，能够完成图书馆全部类型资源的管理，整合图书馆的所有工作流程并进行优化，同时能够方便地实现用户与系统的交互。下一代图书馆管理系统，要求不仅能够增强资源发现（所有资源一站式检索与发现获取，即检索一切），方便用户，同时还要能够简化图书馆工作人员工作流程，使其从烦琐的事务中解脱出来，大大提高工作效率。同时管理从资源采购到资源加工和元数据管理的图书馆全套工作，并提供资源评估。将所有的资源管理整合在一个平台上，减少了由于部门之间沟通不畅带来的障碍，为工作人员提供了便利；同时也方便了用户，真正实现一站式获取。

第二节 下一代图书馆服务平台研究与实践进展

2007 年，图书馆界和系统提供商开始了 LSP 的探索和研究。相较而言，国外针对下一代图书馆系统或者下一代图书馆服务平台的研究较早。2007 年，布瑞丁为图书馆自动化软件的选择提供了必要的统计数据供业内参考[21]。2008 年，Shafique 和 Mahmood 提出采购、编目、流通、检索和期刊管理的 77 项特征，为 LSP 指明发展方向[22]。布瑞丁指出了 LSP 的主要特性[20]。国内图书馆界从 2012 年开始对 LSP 进行研究。朱本军和聂华分享了下一代图书馆系统与服务的相关技术、商业产品[23]；陈武等对下一代图书馆服务平台做了探析[24]；包凌和赵以安对国外下一代图书馆自动化系统的实践与发展趋势作了相关研究[25]；刘炜作了关于"下一代图书馆系统"的思考[26,27]；李娟，张雪蕾和杨峰结合层次分析法和专家论证构建了下一代图书馆服务平台评价指标体系，并对四个 LSP 产品进行评估，为我国下一代图书馆服务平台选择提供借鉴[28]。截至 2018 年 3 月，国内发表的与下一代图书馆服务平台密切相关的图情专业学术期刊文献约 26 篇，且数量将会持续增长。

在下一代图书馆服务平台应用方面，截至 2017 年年底，国外大约有 1 000 家图书馆已经使用了图书馆服务平台。马歇尔·布瑞丁调查表明，有超过 50%的图书馆在考虑向新一代系统迁移。从布瑞丁发布的 2017 年自动化系统调研报告中可以看到，在 87 个国家的 3 992 家图书馆中，使用 Sierra 的已达 422 家，使用 Alma 的也有 260 家之多[29]。新一轮图书馆系统平台的大规模迁移已在全球开始，这为中国图书馆用户、系统厂商和数据库厂商提供了新的发展机会[30]。例如，2017 年 9 月，北京师范大学图书馆正式将使用 16 年之久的 Aleph 500 的自动化集成系统迁移到 Alma 下一代图书馆服务平台，2017 年 10 月，清华大学图书馆管理服务系统由 Innovative Interfaces 的 Millennium ILS 升级为 Alma，新系统部署在云端，可与全网域资源仓储做快速数据交换和数据共享，支持全媒体资源的一体化管理，可为读者提供从资源检索到一站式获取的便捷服务。目前，国内应用或即将部署下一代图书馆服务平台的产品主要是 Alma，包括深圳北理莫斯科大学、南方科技大学、香港中文大学（深圳校区）图书馆选用"Alma+Primo"图书馆管理系统及发现系统（符合上述布瑞丁对 LSP 的理解），为图书馆员完成图书馆全部类型资源的管理，整合图书馆的所有工作流程并进行优化，为读者提供一站式的资源发现与服务集成。

第三节　下一代图书馆服务平台应用驱动因素

一、图书馆馆藏资源的变化

图书馆电子资源所占比重越来越大，包括购买的数字资源，图书馆收集和整理的各类原生数字资源，如学位论文、机构知识库、网络免费资源等，馆藏结构从以印刷型为主转变为以电子和数字资源为主。现有 ILS 设计理念是为创建、组织和管理印刷型实体资源的元数据信息，而电子资源与印刷型资源最大的不同是：图书馆并不是真正拥有电子资源，而只是拥有电子资源的访问和使用权。在业务和工作流程上，两者也有较大差别，ILS 中没有对电子资源进行揭示和管理，随着电子资源种类不断增加、不同电子资源提供商提供服务的方式不同，电子资源管理变得更加混乱。由于馆藏变化，ILS 概念的内涵和外延都在拓展，图书馆需要具有对纸本、电子和数字资源一体化工作流程的服务平台。

二、读者获取信息习惯发生变化

布瑞丁援引一份数据表明，图书馆用户的检索习惯，89%的会直接使用互联网搜索引擎，其中62%会直接使用Google。用户对找不到所需结果的图书馆书目检索系统OPAC容忍度相当低，一旦不能满足他们需求，就会立刻转向其他易用系统。OCLC的一份调查报告也显示，调查对象中84%使用搜索引擎开始信息检索，1%通过图书馆网站进行信息检索。传统OPAC服务自身的局限表现在：检索平台不统一、检索机制不智能、缺乏用户参与动态交互、系统没有开放共享，书目数据对网络搜索引擎不可见，导致图书馆书目数据无法被搜索引擎索引，OPAC也不能检索书目数据以外的其他数据[3]。随着Web2.0技术的应用，用户对系统的交互性和实时响应也有更多要求，读者需要的是"全网域"的获取方式，传统OPAC与Google相较，无论是检索响应、资源发现，还是页面友好度都不能满足读者需求。

三、ILS无法满足图书馆多个系统及应用间的数据共享或整合

随着电子资源和图书馆本地开发的数字馆藏资源的增加，图书馆希望ILS提供商能在已有的系统基础上扩展电子资源管理和数字资源的功能，但是ILS在设计上是一个封闭、紧密耦合的系统，不易改造。鉴于电子资源管理混乱的问题，2001年，美国华盛顿大学的蒂姆·朱厄尔（Tim Jewell）提出了开发"电子资源管理系统"的标准想法。2004年发布了与此相关的标准，随后陆续出现了如EBSCO Information Services-Serials Solution公司的360 Resource Manager，VTLS公司的Verify等商业产品和一些开源的电子资源管理系统产品。同样，针对图书馆本地开发的数字资源，国外也有一些数字资源管理系统，如Exlibris公司的Dig-

Tool、OCLC 公司的 CONTENT、VTLS 公司的 Vital 等。虽然 ILS、电子资源管理系统、数字资源管理系统这三大系统各司其职，一定程度上弥补了 ILS 不能管理电子、数字资源的不足，可事实上，在三大系统之下出现了几十个，甚至上百个信息和资源管理系统，如学位论文系统、音视频系统、拓片系统等。这些系统与 ILS 之间无法实现数据的共享，数据越来越分散，加大了"资源孤岛"存在的风险，无法体现资源与资源之间的关系，数据一致性差，也造成了信息冗余、资源重复建设等问题。

四、ILS 图书馆部分业务侧重点的变化

以 ILS 编目模块为例，在出版商提供图书馆元数据之前，所有实体馆藏资源要揭示给读者，编目工作是最为核心和关键的环节，高质量的元数据无疑受到图书馆追捧。近几年，书目元数据比以前更容易获得，随着行业竞争的加剧，出版商在提供纸质资源的同时甚至提供了完整的元数据，图书馆直接将元数据导入图书馆自动化系统即可。不仅如此，还出现了一些专门提供书目元数据服务的组织或公司，如 OCLC World-Cat、Google Books、Amazon、豆瓣图书等网站的书目数据可以免费获取，这些外部环境的变化使得编目工作变得相对简单。另外，读者对"全网域"搜索获取资源的需求也使得编目工作流程发生了一定的变化，工作人员虽不必对公开出版发行的资源进行编目，但需要本机构内部的各类学术资源甚至一些 OA 资源，如讲义、学术讲座、手稿、报告等进行收集、编目、分类和数字加工及揭示。采访部门也需要在与读者交流、深挖读者需求基础上进行馆藏资源的建设，真正做到"按用户需求"采购资源，改变以往图书馆馆藏采购实际上是一场受过教育的猜谜游戏（an educated guessing game）的状况：采访工作人员拿到书商

订单后，"猜教师和学生需要什么，然后根据猜想去购买资源，并希望有人用这些资源"，而结果是大约50%无人问津，或者在10年内根本无人问津[31]。ILS在全媒体揭示、主题服务和读者互动交流等方面功能存在明显的不足。

第四节　下一代图书馆服务平台主流产品

目前，国外系统开发商和图书馆界积极合作，已经或正在研发的下一代图书馆服务平台产品主要有 7 款，分别是 Exlibris 公司的 Alma、Innovative Interfaces 公司的 Sierra、开源计划 Kuali OLE、OCLC 的 WorldShare Management Services（WMS）、ProQuest 公司的 Intota、VTLS 公司的 Open Skies，以及 Ebsco 公司的 FOLIO（见表 4.1）。

表 4.1　下一代图书馆服务平台产品

序号	平台	厂商	发布时间	开发情况
1	Alma	Exlibris	2012 年	全新产品
2	Sierra	Innovative Interfaces	2011 年	基于前期产品
3	Kuali OLE	Kuali	2012 年	全新产品
4	WMS	OCLC	2011 年	全新产品
5	Intota	Serials Solutions	2014 年	全新产品
6	Open Skies	VTLS	2013 年	基于前期产品
7	BLUEcloud suite	SirsiDynix	2013 年	基于前期产品

一、Alma

Alma 是 Exlibris 公司的下一代图书馆服务平台，Exlibris 公司已有两个成熟的图书馆集成系统——Aleph 和 Voyager，这两个系统都是以印刷型资源管理为主。2009 年，波士顿大学、普林斯顿大学等与 Exlibris 公司合作，提出统一资源管理的理念。2011 年 1 月，Exlibris 公司宣布开始研发基于云平台的下一代图书馆服务平台 Alma，2012 年年初完成开发，2012 年 7 月正式发布，哈佛大学图书馆等正在使用。Alma 将原先分散的解决方案合并，包括原有的 Aleph 自动化集成系统 ILS、负责 ERM 的 Verde/Meridian、负责数字内容管理的 DigiTool、链接服务器 SFX 和 SFX 知识库、元数据管理 MARCit，并提供与 Primo 资源发现解决方案的无缝集成，同时提供新的服务，如用户驱动馆藏建设等。可以将资源选择、印刷资源管理、电子资源管理、数字资产管理、元数据管理、链接解决方案、资源发现整合在同一个系统中。无须跨系统操作和同步数据，资源整体为高级分析提供了基础，使图书馆能够综合分析全部馆藏并突出馆藏中的特色。

Exlibris 推出的 Alma 以全面统一的云计算资源管理系统替代传统的纸质资源管理系统、电子资源管理系统、数字资源管理系统、机构库、发现平台和链接解析产品（SFX）等附加在 ILS 上的产品，旨在使图书馆工作人员能在同一环境完成所有工作。Exlibris Alma 利用统一资源管理（Unified Resource Management，URM）框架，支持整个图书馆的全部业务——所有资料的选择、采访、元数据管理、数字化以及日常业务。该产品使图书馆从"有备无患"（just-in-case）转移到"即时供给"（just-in-time）馆藏建设模式。"有备无患"的概念最早由制造业提出，即整个制造流程分为很多不连贯的阶段，而每个阶段需要不同的处理方法。目前大多数图书馆面临上述困境，如传统 ILS 处理纸质资源可看作"有备无患"，因为传统 ILS 只能处理纸质资源；ERM 处理电子资源可看作另一个"有备无患"等。将纸质资源、电子资源分开处理，不但过程不连续（如电子资源要在传统 ILS 的 OPAC 中揭示需要更多处理），而且到达客户再供客户存取的处理时间也相应拉长。"即时供给"是针对有备无患提出的概念，Alma 可在统一系统里处理所有资源并通过发现平台"即时供给"送达客户，特别支持用户驱动和按需数字化的馆藏发展过程，无论是物质资源还是电子资源。以电子书为例，用户通过点击和在线阅读就可以发起购买。对于印刷图书用户可以请求图书馆购买该资源，这会生成——加急购买请求，图书一到馆就会被交到用户手中，真正实现"读者服务至上"的服务理念。其提供的读者决策采购（Patron Driven Acquisitions，PDA）或用户需求驱动采购（Demand-driven Acquisition，DDA）（这种模式根据用户的全文浏览时间和借阅情况，自动触发电子书的购买，当用户存取超过一定量时，电子书的使用就转变成图书馆的购买行为）的资源采购模式以及按需数字化、按需印刷等功能使用户让读者参与到图书馆的管理和资源建设中来。该产品还可管理工作流，由于工作流的可配置性，图书馆大量保留现有工作流程，等空闲再作重新调整。Alma 除支持 MARC、Dublin Core 元数据外，还计划支持档案著录描述元数据（Encoded Archival Description，EAD）和元数据描述模式（Metadata Description Schema，MODS）。其另一个新功能是资源管理（Community Zone），用于共享/存储所有使用 Alma 的图书馆间的元数据。Alma 云计算将数据中心建立在美国、英国、澳大利亚等多个国家，2016 年 10 月成立北京数据中心，是第一个在中国建立数据中心的图书馆软件集成商，所有的数据中心都是独立 SAS 70 认证。作为云计算解决方案，Alma 不支持本地安装，为客户提供开源支持，使客户可在他们的产品上开发本地服务应用，鼓励客户共享代码、文档、案例演示。

　　Alma 提供基于利用率的综合馆藏评估。可对印刷资源、电子资源、数字资源进行查重分析。可以重点突出只需点击就可使用并且无交付成本的资源，当无本地资源可用时，提供昂贵资源共享请求，优化了资源的利用。基于利用率的评价为图书馆资源和服务的优化提供依据。将全部资源整合到一个平台后，无须分块统计不同类型的资源使用率，可对资源整体做出评估，为不同类型资源的统筹提供依据。

二、Intota

Intota 原为 Serials Solutions 公司产品，后该公司被 ProQuest 收购，现为 ProQuest 公司旗下产品。2011 年 6 月，ProQuest 宣布将研发一款提供电子和印刷资源统一管理的产品。2012 年 1 月，ProQuest 将这个产品命名为 Intota，宣称 Intota 是全新的 SaaS 产品，将会简化图书馆馆藏的管理，提供网络规模的馆藏管理解决方案。2014 年 6 月，ProQuest 正式发布 Intota v1 版，提供电子资源发现与管理，这套系统包括 Summon、360 Link、Intota Assessment 和新的 Intota 电子资源管理。在 Intota 研发时，ProQuest 表明 Intota 将会与 Summon 的用户界面一致，这些产品都提供 API 接口，从技术上保障与其他产品的兼容性。后期 Intota 进行了印刷型和数字资源管理的开发，后因 2015 年 10 月 ProQuest 收购 Exlibris，Alma 也成为 ProQuest 的下一代图书馆服务平台，因此 Intota 处于维持现有功能的阶段。

Intota 主要包括了三个部分：负责馆藏源利用和流通的 OPAC 系统、负责全部资源采购加工的 ERM 系统和负责资源利用率评估的 Intota Assessment 系统。在馆藏管理上，Intota 重新定义了 ERM 工作流程，可以支持整个电子资源生命周期，包括估价、采购、评估和更新。主要功能包括：自动化馆藏管理、DDA 采访支持、许可管理、订阅和更新支持、成本更新和工作流程管理。在资源发现上，Intota 集成了原有的 Summon 发现服务和 360 链接解决方案。资源评估方面，Intota

Assessment 提供资源利用的定量和定性分析。

三、Sierra

Innovative Interface 公司作为最大的独立图书馆技术公司之一，其传统的 ILS 产品是最初的 INNOPAC 和后来的 Millennium，作为全球比较有影响力的 ILS 产品之一，Millennium 目前仍然拥有几百个图书馆用户。同样，为实现对资源的统一管理，2011 年 4 月，Innovative Interface 公司宣布研发新一代自动化平台（Sierra Services Platform），2012 年推出了第一版产品，同年进入第二研发阶段，主要任务是开发基于互联网的流通功能、电子资源管理功能，以及支持第三方系统的 API 接口，其中俄亥俄州维斯特市公共图书馆是第一家应用该系统的图书馆。

Sierra 是 Innovative Interfaces 在传统 Millennium 架构上开发的一种新型"开放式发展"系统，它运行在一个新的开源数据库（PostgresSQL，DSpace 机构库开源软件也使用该数据库）上，使用新的开源索引引擎（Lucene），添加并完善 API，更新界面，增加新功能。它提供 SaaS 的云计算版本或可以本地安装的版本。2015 年 4 月 Sierra Library Services Platform 2.0 正式发布，其中更新了包括采购、编目、资源共享等。Innovative Interfaces 公司声称"Sierra 是一个开放的服务平台，它是基于 SOA 架构理念，并拥有传统图书馆自动化系统采购、著录、馆藏管理等功能的服务系统，同时它具有开放数据互操作的 API 接口，供第三方服务或系统调用"。总结，Sierra 的功能特点也是基于 SOA 架构设计，将资源管理与电子工作流程统一在一起，基于云或本地部署的 LSP。

2014 年 6 月 2 日，Innovative Interfaces 公司宣布其收购了知名图书馆自动化厂商 VTLS. Inc，这已经是继 2014 年 4 月 1 日，Innovative Interfaces 公司宣布其收购了美国公共图书馆市场中的大牌自动化厂商 Polaris（超过 2 800 多家图书馆使用）以来（弥补其产品在公共图书馆中的弱势地位），Innovative Interfaces 公司第二笔大型业务收购（合并）。VTLS 作为成熟的自动化厂商，同时也是图书馆领域中为数不多获得 ISO 9001：2008 认证的企业，其产品被全世界 44 个国家 2 100 多家图书馆所使用。2013 年 3 月，VTLS 宣布推出一个 Open Skies 新产品套件，该套件在其主要技术和产品的基础上建成一个更统一的图书馆服务平台。公司的合并将为基于云计算技术和基于 Web 接口的新一代产品提供高效的机制，公司无疑会集中研发人员、技术专业知识和其他资源到唯一的下一代图书馆服务平台产品的研发中。合并后，VTLS 公司的自动化产品，如集成系统（Virtua）、数字资产管理系统（VITAL）、发现系统（Chamo）、移动应用（MozGo）和 RFID 解决方案（FasTrac），将成为 Innovative 公司旗下产品。

四、WorldShare Management Services（WMS）

联机计算机图书馆中心（OCLC）是一个非营利性的服务和研究机构，旨在提供共享技术服务、原创性研究及社区项目，以便图书馆能够更好地促进学习、研究和创新。其利用图书馆在管理与工作流上的共性形成合作地解决管理服务问题、共享数据资源的模式。通过 OCLC，各成员图书馆可以合作建立并维护最全面的全球性图书馆馆藏和服务数据网络 WorldCat。此外，各图书馆还可以通过 OCLC WorldShare 提高工作效率，这是一整套基于开放的云平台而创建的图书馆管理应用程序和服务。

2009 年 4 月 OCLC 宣布研发新的资源管理系统，其主要目标是为图书馆提供一个全球性、基于互联网的管理系统——WorldShare 管理服务系统，2011 年 12 月"全球共享管理服务（WMS）"正式发布。WMS

是由 OCLC 开发的重建图书馆管理软件并提供真正的云计算解决方案的全新产品。新产品将提供一套完整的流通、采购、期刊管理和相关功能用于扩展编目和书目服务、资源共享，不再是依靠单个馆制作书目数据。其核心的功能是对不同类型的资源进行统一管理，如工作流程管理、流通管理、电子资源许可管理等。WMS 提供的服务包括：管理图书馆电子馆藏资源，并通过 WorldShare License Manager 组件管理印刷型资源。它使用的 WorldCat 数据库以及合作共享建立供应商、期刊和许可信息数据库，可以流水线似的完成采访、编目、流通、许可管理和工作流等操作。因此，使用 WorldCat 的 OCLC 成员馆能够轻松地共享这些资源，避免馆内重复工作，简化了图书馆与图书馆员的工作。同时，OCLC 创建了电子资源馆藏知识库便于管理这些资源。与 Alma 类似，WMS 可统一管理物理资源和电子资源并提供与其他应用程序集成的开放 API，用于与其他应用程序相集合，开发人员可以很容易地建立程序来增强图书馆的特定功能，检索特定图书馆藏书中材料的可用性信息。

五、FOLIO

2016 年 6 月，由图书馆、服务提供方和开发者共同参与的 FOLIO 项目宣布启动，FOLIO 为 Future of Libraries is Open 的缩写，开宗明义地表达出"开放"这一未来图书馆的重要理念。FOLIO 以开源软件的形式，为图书馆、服务提供方和相关技术开发者搭建了一个平台，使他们得以借此平台重新定义下一代图书馆自动化系统。FOLIO 采用了开源软件常用的社区组织模式（Community, a unique collaboration of libraries, developers and vendors），由图书馆、开发者、服务提供方和其他机构组成，形成各种专业兴趣小组，以网络会议和头脑风暴的形式激发对于图书馆服务和技术的创新思维。目前 FOLIO 社区已包括如康奈尔大学、杜克大学、芝加哥大学、德克萨斯农工大学等知名大学成员，芬兰、匈牙利等国家图书馆成员，CALIS，英国联合信息系统委员会（Joint Information systerms Committee，JISC），德国图书馆联盟（The Gemeinsamer Bibliotheksverbund，GBV）等图书馆联盟型成员，SirsDynix、ByWater 等服务商成员，以及 Index Data、BiblioLabs 等软件开发商成员。为了确保 FOLIO 项目以开放源码和开放存取形式可持续性地发展，2016 年成立了非营利性的独立组织开放图书馆基金会（The Open Library Foundation）。基金会的目标是为图书馆员、技术人员、设计师、服务提供方和供应商之间开展合作提供支持，组织一个多样化、包容性的社区进行公开讨论，分享专业知识，更好地对未来图书馆所面临的挑战和机遇做出判断和描述，提出可行的解决方案，研发创新性的软件，以支持图书馆的可持续发展。

从其官网发布的最新消息看，FOLIO 于 2018 年 7 月发布 Beta 版，2018 年年底正式在第一所图书馆部署实施。FOLIO 采用开源方式发布，其 OKAPI 核心部分的全部源代码已经托管在了 GitHub，任何人都可以从 GitHub 同步源代码进行本地化部署测试，也可以加入开发者团队贡献自己的程序。

图 4.1　FOLIO 功能一览

自发布以来，FOLIO 项目已经取得了诸多进展，但不得不承认其起步时间较晚，目前仍未提供一个完整的可实际应用的系统。ExLibris，Innovative Interface，OCLC 的下一代图书馆服务平台 LSP 已经在 1 000 多个图书馆中使用。2016 年哈佛大学和剑桥大学图书馆都选择了 Alma，这使它在学术图书馆界声名鹊起。同时，OCLC WMS 在中等规模的学术图书馆中也得到了有力的响应。虽然 FOLIO 目前已有开发队伍，并且采用敏捷开发思想提升产品研发速度，但面对竞争激烈的市场，尽早发布并在图书馆中部署使用才能避免市场被其他厂商所占据。瑞典查尔姆斯理工大学图书馆已经确定作为 FOLIO Beta 版的用户，用以展示 FOLIO 平台不仅具备支持图书馆传统服务的各项功能，也具有良好的扩展性，可灵活满足图书馆的创新服务。

如果 FOLIO 要被我国图书馆采用，还要解决几个主要问题。首先是产品的汉化（这也是引入国外其他图书馆服务平台需考虑的问题，包括对 CNMARC 的支持），目前国内图书馆采用开源图书馆系统的数量很少，也反映出我国图书馆对于开源系统的认知度还有待进一步提高。其次提供开源软件技术支持服务的厂商凤毛麟角，也在一定程度上影响了图书馆实施开源产品的信心。FOLIO 专题兴趣小组中已有国际化小组，中文版语言包应在开发之中。CALIS 作为首批加入 FOLIO 社区的图书馆联盟，对在国内推广 FOLIO 起着至关重要的作用。凭借 CALIS 的影响力，可以极大提升国内图书馆对 FOLIO 的认识，了解 FOLIO 的先进性。CALIS 已经选择 FOLIO 进行本地化开发，目前正在利用 FOLIO 研发下一代国产图书馆服务平台。CALIS 对于国内图书馆的需求理解更加透彻，将为 FOLIO 进入国内市场做出特别贡献[32]。2017 年 3 月初，北大图书馆与 CALIS 联合成立新一代图书馆系统工作组，目标是：在 FOLIO 平台上构建适用于北京大学图书馆业务运行以及未来发展的新一代图书馆系统。CALIS-FOLIO 融合版以 CALIS 深圳技术中心（深圳大学图书馆）发布的微服务架构的 LSP 为基础，通过 FOLIO 化改造，与 FOLIO 基础模块、自主开发的 FOLIO 架构 App、CALIS 公共服务模块进行集成与整合，形成一个完整的产品，功能包括采访、编目、流通、期刊、统计、电子资源管理（ERM）、用户管理、权限管理、系统配置、统一认证、集成公共服务模块（诸如大数据分析、联合采访、OpenAPI、e 读、e 得、ILL、联合目录等）以及中文核心期刊评价系统、高校事实数据库系统、采编一体化平台等 App。

六、Kuali OLE

Kuali OLE 项目的前身是开放图书馆环境项目（open Library Environment Project）。该项目最初是由美国杜克大学（Duke University）发起，同时有 15 所大学、财团和图书馆参与，梅隆基金提供资助，由开发伙伴 Kuali 支持。其目标是设计一个下一代图书馆系统来替代目前基于实体印刷型资源工作流程的传统图书馆自动化系统，OLE 是一个开放源代码的图书馆服务平台解决方案。2009 年 7 月，OLE 项目与 Kuali 基金下的管理员社区源码软件（Administrator Community Source Software）结合，并得到 Kuali-OLE 基金资助，OLE 项目也就因此被重命为 "kuali OLE"。Kuali OLE 采用 Kuali Rice 作为中间层支持基础服务和常规任务、工作流程所需的复杂业务应用程序。Kuali Rice 同时提供文件存储，作为工作人员界面传输的基础。2012 年 12 月正式发布 V1.0 版本。

第五节　下一代图书馆服务平台的功能与特点

通过文献回顾和案例分析，新一代图书馆管理集成系统的特征归纳如下：

（1）新一代系统是基于面向服务的架构、多租户、云计算环境的图书馆管理集成系统，即新一代 ILS 将部署在云计算环境中，由供应商全面负责硬件、软件、应用程序及数据库的维护和更新，图书馆无须在本地购买或安装任何插件，只需通过"订阅"或"租借"即可享受相关服务；

（2）新一代系统可管理纸质资源和数字资源，还可使用同一采编模块管理这些资源；

（3）新一代系统不仅支持 MARC 标准，还支持 Dublin Core 标准，多个厂商宣布将支持更多元数据标准；

（4）新一代系统具有知识库，使得纸质资源和电子资源的采编工作流程更简易，并保证高质量；

（5）提供 PDA/DDA 的资源采购模式以及按需数字化、按需印刷等功能，让读者参与到图书馆的管理和资源建设中来。

（6）新一代系统提供开放的 API，使系统与其他系统（如学习系统、人事管理系统、财务管理系统）的集成更容易，而且方便图书馆 IT 人员开发更多本地应用（如导出最新采购书目数据、最高流通书目数据等显示到网站主页）；

（7）新一代系统具有强大的内置分析功能，可为用户提供详细的分析报告。通过印刷本、电子版专著和期刊的使用评价来展示馆藏价值，提供单篇使用成本和学科使用成本统计，计算投资回报率；提供纸本与电子馆藏的查重分析，进行智能剔除；

（8）新一代系统没有 OPAC，所以必须与资源发现平台一起使用为图书馆服务平台 LSP，新一代系统具有与发现系统无缝集成的能力，例如，Alma LSP 与 Primo 资源发现系统集成使用，为图书馆工作人员及终端用户提供了从资源管理到资源发现的流线型系统服务；

（9）新一代系统具有流程管理的功能，使工作流程管理实现电子化；

（10）新一代系统在资源共享和采编等技术合作领域等方面，为图书馆和图书馆联盟提供更方便、更易实现的手段；

（11）新一代系统的开发模式大多与用户一起合作开发，开发与使用同时进行，不断开发新的版本。

第六节　LSP 与 ILS 的区别

图书馆自动化集成系统（ILS）是目前图书馆的核心系统，非常重要和基础的业务系统。下一代图书馆服务平台（LSP）是图书馆自动化集成系统的重大升级或全新产品与设计理念，实现对纸质与数字资源统一管理（采访、编目、元数据管理、馆藏所有资源统一检索、我的图书馆等功能），并与资源发现系统无缝集成，组成下一代图书馆服务平台。本节主要以以色列艾利贝斯公司的 Aleph 500 ILS 和下一代图书馆服务平台 "Alma+Primo" 产品为例，从几个方面来分析二者的区别[33]。

一、资源管理

在资源范围内，Aleph 500 主要对纸质、光盘等有物理介质的馆藏进行管理并为其提供服务，例如随书光盘与馆藏目录的关联与集成揭示。Alma 统一管理所有类型的资源，包括纸质、电子和数字化资源，这些资源原本是由艾利贝斯公司的另外 2 个系统艾利贝斯公司的电子资源管理系统（Verde）和数字资产管理系统（DigiTool）分别管理的。统一资源管理使图书馆资源作为一个整体，反映了资源间的关联、揭示、组织和信息挖掘等。

在元数据格式上，Aleph 500 中不同元数据要分库管理，主要是美国机读目录格式（USMARC）和国际机读目录格式（UNIMARC），检索时也要分别检索（外文文献库、中文文献库）。可以管理多种格式元数据，除机读目录格式外，还有都柏林核心元数据（DC），元数据对象描述模型（MODS）。

在元数据范围内，Aleph 500 仅包含本馆书目 MARC 元数据，如果需要访问馆外元数据，则需要通过 Z39.50 等协议另外检索。Alma 使用中心知识库集中了许多图书馆贡献以及公司自己获取的大量元数据，类似联合目录，允许用户图书馆建立自己的本馆资源库，用户图书馆也可以直接将馆藏挂在社区的元数据下。Alma 鼓励社区内共享元数据，通过套录和关联节省劳动付出。

二、部署与更新

Aleph 500 以软件拷贝的形式销售，安装在本地的服务器上。Alma 不需要购买本地服务器硬件设施，软件以"PaaS+SaaS"的模式直接部署在云平台上，以服务的方式销售。图书馆通过互联网使用软件时，只需要网络连接和个人电脑等终端，系统的运维由公司负责。

Aleph 500 的系统升级与更新有明显的阶级性，大版本升级要预先安装一套新版本，经过调试、试用后进行新旧版本的切换，操作时一般要中断对内、对外的所有服务；小补丁比较频繁，需要系统管理员随时下载、安装，但出于运行安全考虑，一般是在测试服务器上批量试补丁，集中打补丁。Alma 的更新不需要图书馆操作，公司以月更新的频率直接完成，由于 Alma 采用了面向服务的软件架构，软件的更新对系统整体的影响小，不中断正常服务，因此也实现了能及时满足需求的敏捷性功能开发。

三、使用模式

从工作人员的角度来看，Aleph 500 通过图形用户界面（GUI）端支持业务工作，每一台工作机要安装客户端（客户端/服务器模式），一般情况下，不同类型的业务人员有自己的专用微机，所需的配置保存在客户端中。Alma 的所有访问都通过网络浏览器实现（浏览器/服务器模式），包括对业务工作的支持，工作人员不需要固定的微机，只要有一台能够与互联网连通并且有合适浏览器的微机即可，甚至是手机等移动客户端也可以。

从用户的角度来看，Aleph 500 通过联机公共目录查询系统提供馆藏资源查询。Alma 没有直接的用户访问界面，所有的用户访问（馆藏检索，登录我的图书馆、预约、续借等）都通过资源发现系统提供，Alma 与资源发现系统结合才能构成一个完整的体系。当然，Alma 的开放接口也允许另外建立用户服务界面。

从系统管理的角度来看，Aleph 500 的参数配置、工作流程设置、复杂的统计与数据输出、数据的批处理等要依靠系统管理员登录到服务器上从后台操作完成，包括直接到 Oracle 数据库中操作。Alma 的管理与业务都通过网络浏览器实现访问，菜单式的界面降低了操作难度，很多工作可以由业务人员自己完成，包括配置 MARC 字段校验、定制工作流程、批处理数据、设计统计报表等。

四、功能定位

Aleph 500 主要支持图书馆传统纸质资源的采编、流通、连续出版物管理和书目查找工作。Alma 包括网络环境下的整体业务和服务，从大体上看，涵盖了 Aleph 500 的基本功能，集成了电子资源和数字化资源的管理，添加了可视化的统计分析、用户驱动采购等多种新功能。下一代图书馆服务平台的一体化工作流程提升了工作效率，提高自动化程度。

Alma 并不是 Aleph 500 的升级产品，而是全新系统框架下的整体解决方案。从 Alma 与 Aleph 500 的区别可以看出：实施与应用并不单纯是技术层面的事情，而是涉及整个管理和服务定位理念的转变；从支撑图书馆运行上来考虑，有些传统的做法是需要保留的；从转型、提升上来考虑，更需要借助这个平台实现创新。

第七节　下一代图书馆服务平台的案例与功能体验

一、北京师范大学——Alma

2016 年 11 月 24 日，北京师范大学图书馆与 Ex Libris 公司正式签约 Alma 系统。2017 年 9 月 28 日，图书馆正式上线运行下一代图书馆系统 Alma。2000 年，图书馆作为首家亚太地区用户率先引进 Ex Libris 的图书馆集成管理系统 Aleph 500。十余年来，图书馆充分应用 Aleph 500，并对其进行了本地化和拓展功能开发，且已形成一套针对纸质资源的稳定的工作、管理和开发流程。但随着电子资源、数字馆藏的急剧增加，Aleph 500 已经无法满足图书馆多元资源的管理需求，升级集成管理系统和优化工作流程的需求成为图书馆发展的当务之急。此次实施

Alma 后，图书馆将原有的图书馆集成管理系统 Aleph 500、开放链接系统 SFX 及其知识库等分散解决方案进行整合，并与 Primo 资源发现系统进行无缝集成，实现了馆藏纸质资源、电子资源、数字馆藏等多类型馆藏的统一管理，提升了读者对图书馆资源统一检索的体验。

Alma 的实施，为图书馆实现多类型资源统一管理的整合化工作流程提供了保障。Alma 下一代图书馆自动化集成系统与 Primo 发现系统的无缝集成，名为"木铎搜索"，一站式纸质与数字文献资源检索、获取，快速、高效地从海量学术资源中查找和获取所需信息，不仅可以搜索到图书馆订购的多种资源，还能发现更多馆外资源以及纸质图书的馆藏目录检索，我的图书馆功能（查看当前借阅信息、续借、预约、RSS 订阅）等，使得多类型资源统一管理和发现的一体化服务优势进一步凸显。Alma 的实施，图书馆主页的馆藏目录不见了，找纸本图书也要用木铎搜索，在检索结果左侧，"仅显示"中选择"纸本图书"，点选一本图书进入详细信息页面，查看图书馆藏地、借阅状态、索书号等信息，还可以登录"我的图书馆"，查阅个人借阅信息和续借预约收藏等个性化服务。

在前期实施工作的基础上，图书馆将持续加强 Alma 系统的本地化开发、深化该系统对电子资源和数字资源管理的功能，不断提升图书馆资源统一管理的水平，从而能够更合理地统筹馆藏，实现资源的优化配置。

二、香港中文大学（深圳校区）——Alma

2015 年 11 月 1 日，香港中文大学（深圳校区）图书馆与艾利贝斯公司签约正式选用 Alma 统一资源管理以及 Primo 资源发现系统，成为中国大陆第一家 Alma 用户。2016 年 7 月，香港中文大学（深圳校区）图书馆正式上线使用 Alma。如图 4.3 显示了该图书馆的主页，点击"Library Catalog"和"Search Everything"均跳转到 Primo 资源发现界面，Primo 是 Alma 的读者界面，Alma 和 Primo 这两个产品确保从元数据收割到实时馆藏流通状态的全面整合，在 Primo 中可以实现 OPAC 的所有功能，支持馆藏资源的浏览功能，Primo 提供按照索书号、主题、题名、作者的浏览功能，完全可以替代现有 OPAC 平台，管理员只需维护一个读者界面从而减少维护成本。

图 4.2　香港中文大学（深圳校区）图书馆首页

图 4.3　Academic Information Discovery System of CUHKSZ

清华大学图书馆也采用"Alma+Primo"下一代图书馆服务平台实现纸质资源与数字资源的统一管理、检索、发现和获取。

此外，鉴于哈佛大学、剑桥大学等院校选择了 Ex Libris 公司的"Alma+Primo"下一代图书馆服务平台，2018 年 3 月，日本早稻田大学图书馆和庆应大学信息中心（图书馆）联合采购"Alma+Primo"作为两校共用的下一代图书馆服务平台（The Alma and Primo integrated library management system），其中早稻田大学图书馆也是将 Innovative 图书馆系统替换成该解决方案。这两所图书馆从 2019 年开始系统共用，实现对 1 000 万册规模的各类文献信息资源的管理、服务和利用，实现期刊全文数据库等数字资源合同、授权访问的统一管理，以及改善图书馆业务流程[34]。

第八节　下一代图书馆服务平台本土化应用及需注意的问题

韩佳和汪莉莉指出 LSP 在应用中以下两个方面的问题仍需重点考虑[35]。

1. 与国内主流系统的对接

当前比较受瞩目的几个系统都是国外开发的，要在国内应用，首要的问题就是进行本土化改造，以实现与现有系统 ILS 的无缝对接，还有如汇文系统、ILAS 系统、图创、金盘系统、北邮 Melinets 系统等。从技术层面上来说，新的系统支持多种通信和资源描述标准，具有开放性，能够实现与现有系统的对接。从实际操作上来看，Alma 系统虽然在国内开始推广使用，但是一些模块，如 ProQuest 的 Summon 发现服务、Exlibris 的 Primo 资源发现与获取以及 Aleph 集成管理系统等都已经在使用中。ProQuest 的 Intota 也提出两步走的实施方式，既可以逐步实现，也可以一次性整体迁移。是否能完全与原有系统对接并最终完成对原有图书馆 ILS 系统的替换，仍需时间和实践。

2. 对中文电子资源的发现、统计和评估

要实现对资源的统一管理，中文电子资源是不可缺少的一部分。由于各种原因，当前国内主要中文数据库包括 CNKI、维普、万方、超星等尚未包含在 Intota、Alma、WMS、FOLIO 的资源发现和使用统计范围内。如果不能实现对这些中文资源的集成检索和使用评估，那么新系统基于利用率的资源使用评价就是不完整的，在此基础上提出的资源优化建议也是要打折扣的。2016 年 5 月，艾利贝斯集团发布消息称，已与万方数据公司正式签署协议，万方数据拥有的电子期刊、学位论文、会议论文以及新方志等数据库的元数据将被收入艾利贝斯的 Primo Central 学术资源仓储索引，Primo 用户即将可以检索到万方数据库资源。

此外，下一代图书馆服务平台在中西文资源编目上需要进一步加强对 MARC、MARC21、FRBR、BIBFrame、RDA 等编目规则或体系的应用，还有中图法、科图法编目需求。

下一代图书馆服务平台新型的资源管理和业务流程以及服务改变了图书馆内部的工作流程，最终会取代现在图书馆应用的自动化系统，随着下一代图书馆服务平台技术的成熟和推广，原有的自动化集成系统将会替代或升级，这将是未来的自动化集成系统发展趋势。

思考题

下一代图书馆服务平台与图书馆自动化集成系统和资源发现系统的异同？

第五章
自助借还服务

本章主要学习主流的条形码（Barcode）或 RFID 自助借还系统（Self-Check services）和其他新型图书借还流通模式（如手机转借、手机 NFC 自助借还、网上借书，社区/自助柜投递/还回、信用借书、你阅读，我买单等）。

第一节　自助借还概述

自助借还服务（self-check，self-check-in or self-check-out）就是允许读者利用图书馆提供的自助借还设备（条形码或 RFID 借还书机或 24 小时还书机或 24 小时自助图书馆）自助外借或归还图书，或者是读者通过手机（无须使用图书馆提供的条形码或 RFID 自助借还设备）在馆内完成借还工作或完成读者间的当面转借，或者是读者通过网上借阅平台或手机 App 应用程序或微信公众平台完成网上借阅，社区投递/还回服务，而基本不需要经过馆员实现借还流通业务的一种自助服务（Self-service）。

第二节 条形码和 RFID 自助借还系统

图书馆自助借还系统目前对文献资料的自动识别有两种模式，即条形码识别模式和无线射频识别技术识别模式。

一、条形码自助借还系统

馆员传统的手工借还（ILS 借还流通界面、条码扫描枪、充消磁仪、磁条防盗装置）普遍使用条形码技术加可充消磁条进行图书的借还操作管理。基于条形码自助借还设施的引进实质上是将条码阅读器（条码扫描仪）、充消磁仪和图书馆自动化管理系统的借还书功能模式整合为一体，读者根据条形码自助借还终端设备的提示进行自助借还书操作。读者如想自助借书时，先触摸显示屏的"借书"按键，进入借书程序，接着将一卡通置于读卡器区域或印有条形码的读者证置于借书证扫描区供机器识别（部分图书馆需要输入借书密码，密码同登录"我的图书馆"所设置的密码），然后将书籍翻到粘有条码的书页，书籍紧贴放在斜槽上，向前推至顶端，等待扫描条码进行外借操作，同时对图书进行自动消磁并打印借书凭条，完成借书过程。如果需要继续借书，重复上面的操作，依次完成所借图书。完成所有图书的借阅手续后，按"返回"或"退出"键退出，以防止其他读者继续使用该证件信息进行借书操作。读者还书时，根据屏幕提示按下"还书"按键，进入还书程序，还书一般不需要读取一卡通或借书证信息，将书籍封面朝上，放在斜槽上，翻到条码页，向前推至顶端等待扫描条码进行还回操作，同时对图书进行自动充磁（打印还书凭条，可选），即完成还书手续。不论借书还书，条码自助借还机一次只能对一本图书进行操作，读者如果想借还多册图书，则需重复操作。

由于条码技术已经在图书馆得到了普遍的应用，以此为基础开发的自助借还系统使得图书馆文献流通业务实现了读者自助操作，无须图书馆员参与借还业务，也无须重新对图书加装其他装置。它分担了图书馆员的一部分流通工作量，把原本需要馆员完成的读卡（扫描借书证）、输入借书密码（可选）、图书扫码、充磁、消磁等手工操作都由读者和机器来完成。

目前，市面上生产条形码自助借还设施与系统的厂商主要有江苏感创电子科技股份有限公司、北京世纪超讯科技发展有限公司、苏州博美讯智能科技有限公司和 3M 公司等。3M 公司生产的 3M 磁条是目前世界上最受图书馆欢迎也是使用范围最广的复合磁条之一，其独特的镍基成分充分保证了磁条的充消磁性能和使用寿命，也是世界上提出与图书同等寿命的承诺之一的磁条厂商。

二、RFID 自助借还系统

RFID 无线射频识别技术，也称作电子标签技术或电子芯片，是一种通过微波射频信号进行快速、远距离、非接触式的自动识别技术。它由 RFID 读写器（无线电发射—接收器）、RFID 电子标签（无线电应答器）和数据管理系统组成，标签（芯片）使用次数 ≥ 10 万次（可多次读写），存储信息容量大，可存储图书条形码等信息以及状态位（图书在馆状态位为 1，借出状态位为 0）。RFID 读写器可一次批量读写多个电子标签。图书馆通过 RFID 技术不仅可以方便地实现自助借还书服务，还可以实现图书的自动分拣、盘点、定位、防盗报警和 24 小时自助借还等一系列自动化管理功能。此外，采用 RFID 定位的图书在

OPAC 上关于某本书的检索结果除了显示馆藏地和索书号等信息外，还能显示该书的三维定位，包括层架位信息，帮助不了解索书号的读者较快速地寻找到想借的图书（前提是定位的图书要准确）。如图 5.1 所示。

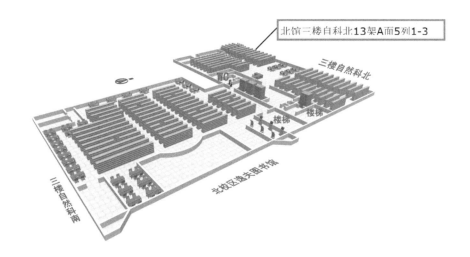

北馆三楼自科北13架A面5列1-3

图 5.1　西安电子科技大学图书馆藏地三维定位图

1. RFID 分类和特点

RFID 分为高频（High Frequency，HF）和超高频（Ultra High Frequency，UHF）两种技术，HF 和 UHF 特点见表 5.1。

表 5.1 RFID 分类和特点

分类	工作频率	特点
高频 HF	13.56MHZ	波长长，读写距离近（1 米），体积较大； 芯片粘贴于书籍封底，无法隐蔽，易撕毁、易磨损、易脱落； 近场感应藕合减少了潜在的无线干扰，使高频技术对环境噪声和电磁干扰有极强的"免疫力"； 在防止金属、液体的干扰方面性能优良（安全性较高，防盗性能较好）； 技术相对成熟，比较稳定
超高频 UHF	902~928 MHz	波长短，天线设计较灵活，芯片呈细条状，体积小； 芯片粘贴于书籍内页，隐蔽性强，读写距离（1~10 米）； 成本低； 传送数据速度快； 采用电磁发射原理，因此更容易受到电磁干扰的影响。同时，在防止金属、液体的干扰方面性能较差（防盗性能大打折扣）； 起步较晚，标准订立时间短

国内第一所采用 HF RFID 自助借还系统的图书馆是厦门集美诚毅学院图书馆（2006 年），第一所使用 HF RFID 的公共图书馆是深圳图书馆（2006 年）。国内第一所采用 UHF RFID 的图书馆是汕头大学图书馆，第一所使用 UHF RFID 的公共图书馆是宜昌图书馆。

2. RFID 自助借还系统产品厂家

目前，市面上生产 RFID 自助借还系统的厂商主要有上海阿法迪智能标签系统技术有限公司、深圳市海恒智能技术有限公司、深圳市远望谷信息技术股份有限公司、常州市科晶电子有限公司等。感兴趣的读者通过官网访问相应的厂商了解产品、功能和图书馆客户。

三、条形码和 RFID 自助借还系统的思考与争议

自助借还系统的引进，掀起新一轮的业务和服务变革。优势包括：节省读者时间，RFID 自助借还一次完成多本图书的借还、保护读者隐私、节省人力；借还书处管理人员大大减少、延长服务时间；馆外 24小时自助借还书机（24 小时无人值守自助图书馆）、延长服务时间和方便读者借还图书。自助借还让图书馆的业务和服务实现了自助化和智能化，降低了管理与服务的人力资源需求，高质量的资源建设与深度的用户服务成为图书馆的工作重心。例如，"流通部可能会消失，更加重视采编部"，公共图书馆将投入更多资源从事阅读推广。此种环境下，图书馆员的角色将会发生根本改变，职业能力要求会进一步提高。弊端包括：①图书涂画、损坏等情况，自助借还系统无法检测到；②引进自助借还系统所需投入非常大，尤其是 RFID 自助借还（包括图书粘贴电子标签、自助借还设施、馆员工作站、盘点定位设施等）；③随着数字图书馆兴起，纸本书收藏减少，且高校图书馆的纸质图书借阅量在下降，RFID 的价值无从体现（北京大学图书馆原馆长朱强语）；④一些图书馆为了提升用户体验，盲目引进多台自助借还等设备，而经常是处于闲置状态，空负荷运行，造成资源浪费与更多的能源需求，对生态环境形成不利影响。

实现自助借还，以下情况仍需到服务台寻求馆员办理业务，包括所借书籍被其他读者预约；所借书籍条形码或 RFID 电子标签不能被识读；读者存在违约金，且超过限定额度等情况。

第三节　其他新型借还流通服务

随着信息技术的快速发展，包括移动互联网、Wi-Fi覆盖、互联网+、智能手机的广泛应用，图书馆开展了更多的图书流通新模式，尤其是越来越多的服务可以在智能手机上实现图书的借还、网上选书下单借书、转借等，无须通过图书馆提供的自助借还设备。

一、图书转借

图书转借服务是指需要还书的读者和需要借书的读者利用双方智能手机中图书馆提供的服务功能，通过当面扫码方式办理图书转借手续。图书转借服务平台整合图书馆自动化集成系统 ILS，并可以内嵌到图书馆微信公众号、门户网站和 App 上。

通过图书转借服务，图书可以轻松地在读者之间进行流通，一定程度上改变了图书馆的现有流通模式（即由读者在图书馆借阅图书，同图书馆员或自助借还设备完成外借过程），使得读者之间的图书交流更加便捷，解决了读者之间不能相互借书的限制，读者无须到馆借还书，使得图书借阅流程缩短了，节省很多的中间环节，降低了图书的流通成本和时间。软件开发商目前主要有图创 Interlib（体现在图书馆官方微信平台，微服务大厅菜单）和书蜗 App。目前图书馆开展的转借服务模式大致有以下几种。

1. 海南大学图书馆图书转借系统

海南大学图书馆提供了图书转借服务，该服务集成在微信公众平台。转借系统可以通过搜索、发现、附近的图书、发布转借和求书等功能，转借系统必须双方都在系统内同意后当面才可以转借，而且图书必须是不能过期的。使用方法：关注和进入海南大学图书馆官方微信公众平台（微信号：libhainu），点击"菜单"→"微服务大厅"，选择"图书转借"服务，授权获取当前的地理位置信息，绑定读者证号密码，即可进行转借扫码操作，也可以发布转借信息［如闭馆了不能（想）到图书馆还书，或想和其他志同道合的书友进行接触、交流与相互分享］和发布求书信息（如想借的书已被借出）。厦门市少儿图书馆是该图书转借系统的首个应用客户，相继海南大学、云南大学也纷纷成为转借系统的用户，越来越多的图书也纷纷加入图书转借系统的应用行列中来，像德清县图书馆、广州少年儿童图书馆、东莞图书馆、鄂尔多斯市图书馆都已开通转借服务。

2. 广东省立中山图书馆近距离无线通信技术（Near Field Communication，NFC）转借服务

广东省立中山图书馆（下称"广东省馆"）依托 NFC，推出了"转借"服务。读者只需在手机上的省图书馆 NFC 自助借书客户端上登录双方的账户，读取相应的图书信息，待验证通过后即可办理转借。只要有一部自带 NFC 功能的手机，读者 A 所借的图书当面就能转到读者 B 的读者卡账户下。该馆于 2015 年推出了 NFC 自助借书客户端，利用手机自带的 NFC 功能，读写图书的 RFID 标签，从而与数据库进行交互，完成借书操作，同时可以进行当前借阅查询和续借。"转借"服务是 NFC 自助借书客户端的拓展功能。

3. 图书馆文献转借服务

服务流程：关注深圳图书馆服务号（微信号：ssszln），点击服务菜单下的"图书转借"，或转出读者登录手机版"我的图书馆"→打开"我的借阅"→点击图书后面的"转借"按钮→系统弹出二维码→文献

转入读者用微信或支付宝的扫一扫功能扫描这个二维码→点击"确认转借"按钮，完成图书转借。只需扫描转借图书的二维码，就把手里的书借给其他读者。

4. 内蒙古图书馆文献转借服务

内蒙古图书馆"彩云服务"除了实现让读者成为文献资源的建设者，也实现了借阅方式的创新（即转借）。传统的借阅是读者到图书馆借阅文献资料，要求在规定的时间内将文献还回图书馆。"彩云服务"管理平台实现了在网络环境下转借的创新业态管理服务模式，任何移动终端只要下载了"彩云服务"的转借客户端（App），就可利用移动终端完成读者之间的文献转借，读者既可面对面借书，也可通过内蒙古图书馆彩云智能中转云柜借书。读者不仅是资源的建设者，也是图书馆借阅服务的工作者。在庞大的读者集群中，形成了一支人数众多的图书馆业务服务队伍。

图书转借需遵循一定的服务规则，具体如下：

（1）本着双方自愿的原则进行文献转借；

（2）文献转借须符合图书馆文献借阅的相关规定，"转出"视同还书，"转入"视同借书；

（3）为保障文献使用的公平性，一年之内同一读者证对同一文献的转借（借出）次数不能超过 2 次；

（4）在转借行为中，借入方须承接借出方的文献保护责任，在转借完成之后，如发生文献破损，由借入方承担责任。

李保红分析了新型服务模式——图书转借服务的好处：

（1）节约读者时间和交通成本。图书转借服务可以节约读者时间成本和交通成本，缓解交通压力，很多读者具有一定的知识相关性，比如同一班级、校园，甚至同一片小区，其中几人借了某类书，极有可能其他人也想看，不需亲自到馆，直接转借即可；

（2）促进志同道合书友的沟通、交流、相互分享；

（3）读者可以通过转借系统就近向其他读者那里借书，这样每个持书读者都可以衍变为图书馆的微型藏书点，拓展图书馆藏书的服务范围与广度；

（4）读者自行进行转借，不需要图书馆工作人员参与，减少了工作人员的工作量，节省了还书操作、分拣图书、上架图书、借出操作等一系列的中间环节，大大节省了人力、物力和财力；

（5）图书转借系统没有闭馆时间的限制，只要相互借书的两个读者约定好了随时都可以转借，无形中延长了图书馆的服务时间[36]。

二、NFC 自助借书

广东省馆基于手机 NFC 模块开发了手机自助借还书系统，是一款 Android 平台的应用。读者利用手机自带的 NFC 模块读写图书的 RFID 标签，向图书管理自动化系统 ILS 提交借还数据，完成图书借阅、归还、转借、修改电子标签的门禁安全位（AFI 或 EAS）等一系列操作。该应用为业界率先展示了基于手机自助借还书的服务新模式，目的是为节省借书人数太多时读者的排队时间，为读者借阅图书提供更多方便。NFC 借书客户端利用手机自带的 NFC 功能，读写图书的 RFID 标签，从而与数据库进行交互，完成自助借书与还书操作、借阅清单查询、续借和转借服务。

2017 年浙江德清县图书馆也开通了 NFC 手机借还服务，读者无须带物理借书证，只需一部带有 NFC 模块功能的手机，安装客户端绑定读者证号，即可完成图书的借阅和归还。其中提供了两种操作方式，分别是微信扫码借还书（配合馆内壁挂式自助借还机）和手机 NFC 借

图 5.2　广东省立中山图书馆手机 NFC 自助借还书演示（图片来源网络）

书 App。

三、"网上借书，送书上门/就近还回"

"网上借书，送书上门/就近还回"服务，读者可以通过电脑或手机、平板电脑等移动智能终端访问图书馆网上借阅平台或相应的 App 或通过官方微信公众平台或支付宝"借书"或芝麻信用"借还"，实现线上借书，线下投递到家（送书上门）服务，提出借阅请求，图书馆找到图书后，通过物流系统配送到读者指定的社区分馆或者社区投递点，同时以短信通知读者，读者凭证刷卡取书，还书时也可就近还到社区分馆或者投递点，是一种节约型、经济型、方便型的公共图书馆服务新模式，在一定程度上代表着今后公共图书馆的发展方向。它的主要特点和意义在于：

（1）改变了传统的图书馆服务模式。一方面它突破了传统的在规定时间、地点完成图书借阅服务等限制，可 24 小时提供外借申请或还回服务；另一方面，也推动了公共图书馆图书借阅从被动服务向主动服务，从"来借书"到"去送书"的重要转变。依托网上借阅平台和物流系统，可以实现图书和读者之间远距离的快速流通，同时，由于实现了图书馆体系的网络化、智能化管理，带来了读者良好的体验，拉近与读者的距离。

（2）创新了公共文化服务方式。"网上借书，送书上门/就近还回"是在当今信息社会背景下，公共图书馆信息服务的一种创新模式，是以契合"需求导向"为出发点，以"满足读者需求、方便读者借还"为目标。它不仅完善了图书馆总分馆运行机制，也是图书馆公共文化服务的进一步延伸和拓展。

目前，图书馆开展的"网上借书，送书上门/就近还回"服务主要有以下几种模式：

1. 苏州图书馆"网上借书，社区投递"服务

2014 年，苏州图书馆推出"网上借阅、社区投递"服务。读者只需登录苏图网上借阅平台，或者下载"书香苏州"App 应用软件或点击苏州图书馆微信公众号"网上借阅"服务或通过支付宝"借书"生活号或芝麻信用"借还"功能，实现了线上借书，线下投递到家（送书上门）服务，完成申请借阅程序后，苏图会通过物流部门把图书送到读者指定的图书服务点（自助取书点、24 小时自助图书馆），整个时间不会超过两天，同时以短信通知读者，读者凭证刷卡取书，还书时也可就近还到社区分馆或者投递点，一般 1~3 个工作日会有专门的工作人员去收回，进行扫码记录以后，借书的读者就可以看到还书成功了。"网上借阅、社区投递"项目填补了国内高端自助借阅服务的空白，真正把图书馆办到了读者家门口，使借书和还书就像下楼取份报纸一样简

单，且不需要支付投递费用。

2. 深圳图书馆网上预借服务

深圳图书馆开展了网上预借服务。网上预借服务是为读者提供的送书上门服务，读者可通过深圳图书馆网站、深圳图书馆微信服务号、支付宝"城市服务·图书馆服务"等预借深圳图书馆中文图书。预借图书的取书方式可选择预借自取或快递到家。选择预借自取的读者，图书馆将把读者预借成功的图书送至读者指定的城市街区自助图书馆；选择快递到家的读者，图书馆将把读者预借成功的图书快递到家，为读者提供便捷的图书馆服务。

服务流程如图 5.3 所示。

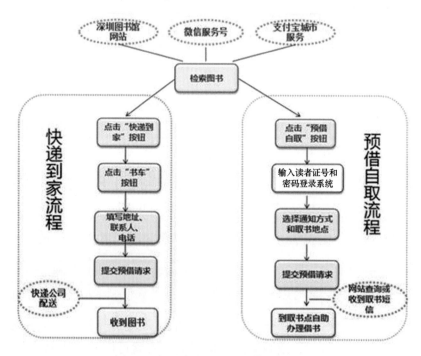

图 5.3 深圳图书馆网上预借服务流程

"预借自取"服务须知：

（1）读者提交预借请求时可以选择"短信通知"和"网上自查"两种通知方式；

（2）预借成功的图书将被送至读者指定的自助图书馆（城市街区自助图书馆服务点）；

（3）读者收到取书短信通知或者通过"我的图书馆-我的预借"查询该预借图书状态为"图书已送达"，请务必在 2 天内到取书地点办理借书手续，否则视为违规。一册图书未取将记录一次违规。

快递到家服务须知：

（1）图书快递到家请求一旦受理成功，图书将自动借到读者证上，并自此日起计算借期；

（2）快递到家由读者自愿选择、由第三方物流公司承担配送，快递服务费用由读者承担，每个包裹不超过 3 册图书，快递费 6 元。如成功受理的图书数量小于请求数量，将按实际数量安排快递配送，费用不变；

（3）如果发生拒收，一册图书记录一次违规；

（4）读者签收包裹即承接文献保护责任；

（5）快递到家配送范围仅限深圳市。

3. 杭州图书馆"悦借"服务

2016 年 11 月底起，杭州图书馆在其微信公众号上推出"悦借"服务，借助互联网与物联网的技术打造线上线下借阅平台，享受网上借书服务。读者在悦借平台（杭图微信公众号、文献借阅中心微信公众号、支付宝芝麻信用）上在线选择图书（把要借的书目加入借书架），填好寄送地址，使用微信或支付宝支付快递费（1~3 册图书，3 元，每增加 1 册再支付 1 元，以此类推），图书馆通过文献物流快递给读者，同时，读者可通过悦借平台提交还书申请，预约快递上门取回图书（需支付与借书同样的快递费）。通过手机"悦借"，线上与线下借书规则一致，图书借还无须再到书店或者图书馆去，对于那些路途较远、比较忙碌或行动不便的人来说提供了非常大的便利。"悦借"计划让市民借书像"淘宝"一样方便，解决了很多人想借书但不想出门的问题。杭州图书馆"悦借"服务还将推广至"悦读"App及杭州图书馆网站上，未来可能还会根据个人喜好，在页面上进行精准推送。

四、"你阅读，我买单"

近几年，各类文化机构都积极地投入到了阅读推广活动中，开展了形式多样的阅读推广活动。然而，随着互联网、移动终端的普及以及网上书店的出现和数字化阅读的兴起，阅读推广的主力——实体书店和公共图书馆都受到了不同程度的冲击，图书销量持续下滑，实体书店在不断消失，书店要想生存就必须进行转型。对于公共图书馆来讲，近几年我国加大了对公共文化事业的投入，公共图书馆迎来了历史上最好的发展时期，但不可否认，虽然图书馆建筑越来越大，功能设施越来越完善，但在读者需求满足、资源利用率、到馆率等方面依然不尽如人意。为走出困境，近几年，具有盈利性质的书店和公益性质的图书馆展开积极合作，共同寻求发展新途径，以读者需求为切入点，出现了"图书馆+书店"的创新运营模式，例如"彩云服务"及"馆店合一"（如安徽铜陵市图书馆的"书店与图书馆的结合体"）两种"图书馆+书店"融合服务的运营模式。对于图书馆来讲，首先，批量采购的图书受采访人员知识范围、业务能力、采访经验和个人主观喜好的影响，往往不能满足众多读者多样化和个性化的阅读需求；其次，图书馆的新书都要经过采选—到货—验收—加工—编目—上架等的漫长过程，少则1个月，多则 2~3 个月，新书上架流通后往往已经变成了"旧书"，不能满足读者及时阅读新书和畅销书的需求[37]。

为此，近几年图书馆与新华书店合作推出"你读书，我买单"服务。读者在书店看到喜欢的书，可通过图书馆设在书店的借阅操作平台办理相关借阅手续，然后直接免费带回家，看完后再将书还到图书馆即可，当然读者也可以直接在书店购买图书。目前，典型的案例有内蒙古自治区图书馆的"彩云服务"、"图书馆+书店"的铜陵模式和湖南大学图书馆"书非借"闪借服务以及其他"你选书，我买单"模式。

1. "彩云服务"，让读者成为文献资源的建设者

2014 年 5 月，内蒙古图书馆开展了"彩云服务——你阅读、我买单，我的图书馆、我做主"创新实践活动，引发国内众多图书馆先后开展了类似的服务。这一模式将传统的采、藏、借业务流程改造为阅读需求为引领的借、采、藏，把馆藏资源的选择权和评价权交给读者，让读者真正成为图书馆的建设者和主人，解决了长期以来困扰图书馆的需求与服务的矛盾。

"彩云服务"通过将图书馆新书采购权交给读者，创造下放图书采购权利给读者的新理念和新机制，实现服务与需求的对接；读者只需持有内蒙古图书馆的读者证，就可在"彩云服务"合作书店借到所需图书，有效解决了读者借阅新书难的问题。内蒙古图书馆与内蒙古新华书店总店、新华书店内蒙古图书馆分店、内蒙古博物院书店、北京西单图书大厦四家书店合作，通过研发的集"借、采、藏"一体化服务管理平台——彩云服务数据交互云管理平台，使持证读者在上述书店就可直接将新书借回家。具体过程是，读者挑选好所需图书，在书店柜台刷读者证、输入密码，书店工作人员对所借图书进行条码和 RFID 芯片粘贴并通过光笔扫描转换，读者即可将图书带回家，整个过程不超过 45 秒。

之后系统自动将转换的图书编目信息上传至图书馆书目数据库，完成图书的编目业务操作，最终由图书馆为这些书买单。而读者只需在还书期限内将图书还到内蒙古图书馆或自助借还机即可。为了保证每位读者借阅的新书能够契合更多读者的阅读需求，彩云服务对读者自主采购的图书种类、复本、个人采购量和自主采购图书的总量进行了控制，并采用了信用等级制度，即将读者自主采购信用分为 A~E 5 个等级，读者默认信用等级为 C 级，每月可自主购借图书 2 册；如果某位读者所购借的图书流通率较高，在达到一定比例后，其信用等级则会上升，每上升一级，可自主购借的图书就增加一册。

2014 年该服务实施以来，内蒙古图书馆新增持证读者 5 万余人，持证读者增加了一倍多，新书流通率达 100%，新书二次流通率达95.9%，获得了广大读者的高度认可和好评，提升了图书馆的公共文化服务效能。图书馆累计接待美国伊利诺伊大学、蒙古国生命科学大学中心图书馆、全国人大图书馆以及北京、江苏、浙江、辽宁、重庆、青海等地区的各级图书馆考察学习团上百次，听到了来自不同国家、不同地区的不同声音。"彩云服务"在推广全民阅读方面做出的成效，也得到了社会各界的高度关注。国家公共文化服务体系建设专家委员会主任委员、北京大学教授李国新认为："彩云服务"使书店成为公共图书馆的分馆，也是公共阅读服务网点布局的延伸。一直以来，大家在讨论公共阅读服务网点布局延伸时往往提得最多的是盖新房子、建新设施，但是"彩云服务"给出了柳暗花明的新路径——统筹协调盘活现有的资源，就可以实现公共阅读网点的增加，把文化事业供给与文化产业供给有机结合，既培育和促进了文化消费，又实现了服务与需求的有效对接。"彩云服务"实现了效能创新，一般新购图书流通率达 100%，带动了图书馆服务核心指标——目标人群覆盖率、持证率、到馆率、点击率跨越式提升，创造了公共图书馆服务提升的中国经验，是互联网时代基层公共图书馆建设的样板。正如李晓秋馆长所言："'彩云服务'不仅仅是技术手段和服务模式的创新，更是一种理念的创新，一切的创新灵感来源于我们的工作实际，一切的创新是为了更多民众充分享受阅读。"

"彩云服务"获得 2016 年度美国图书馆协会（ALA）颁发的"国际创新主席大奖"殊荣，获奖证书上写道："彩云服务"项目一是通过高度创新和可见的按需采购方式解决公众图书借阅量下降的问题。二是与书店及读者社区建立战略合作关系，创多方共赢：增加书店的售书额；革命性改变了图书馆服务；提高图书使用率，并最大限度地提高读者满意度。三是利用云服务和移动技术打造实体与虚拟共享空间，集成整合网络资源从而推动阅读及图书馆馆藏的使用。四是构建可仿效的服务模式，为在全国营造以读者为主的阅读氛围做出贡献。

2. 铜陵市图书馆的"书店与图书馆的结合体"

2015 年 12 月，铜陵市图书馆新馆正式开馆运行。新馆主楼共 9 层，1~5 层为铜陵市图书馆，6~8 层为铜陵职业技术学院图书馆，9 层为铜陵市图书馆租借给皖新传媒开设的新华书店，是全国首家融公共图书馆、高校图书馆、新华书店于一体的"书店与图书馆的结合体"，被称为"图书馆+书店"的铜陵模式。2016 年 1 月 26 日，铜陵市图书馆与新华书店正式推出"你读书，我买单"服务。读者在书店看到喜欢的书，可通过图书馆设在书店的点读平台办理相关借阅手续，然后直接免费带回家，看完后再将书还到图书馆即可，当然读者也可以直接在书店购买图书。在经费保障方面，图书馆每年拿出年度购书经费的 20% 用于读者选购图书，并规定每位读者每年在点读平台上的借书不可超过 20 册，总金额不能超过 1500 元，且所选单册图书定价不得超 100 元，当读者所选图书达到图书馆藏书复本量上限 10 册时则不能通过点读平台借阅该书需去图书馆进行借阅。这些措施保障了图书馆藏书体系的科学性和系统性。除此之外，书店还与图书馆以文化共同体的形式一起策划文化活动，读者不用出楼，就可以实现购买、借阅图书，在楼内用餐、喝咖啡，看小型演出，购买文化创意产品，参加主题培训活动等。

"馆店合一"模式的优点是能够充分利用图书馆已有空间，实现买、借、阅和参加其他活动的一站式便捷服务，无须读者往返书店和图书馆之间；由于书店和图书馆共处一楼，更易于进行深度的文化融合，图书馆的服务理念更易于传达给书店，双方联合举办的文化活动能够发挥各自优势，有利于活动质量的提高和双方服务的更好宣传；同时图书馆提供给书店的场地或者免费，或只收很少的费用，有利于书店前期的发展。缺点是需要对图书馆原有空间进行新的投入和改造，受空间限制只能选择一家中小型规模的书店入驻，如果要选择大型书店入驻，则需要在新馆建设时考虑一体化建设，并且设计复杂、时间长、场地集中、费用高，选址可能会较偏，与读者距离较远。"馆店合一"模式为读者节省了时间，使他们免于奔波，可以享受优越的购书及阅读环境，拉近了馆店距离；同时由于图书馆与书店的深度合作，读者也可享受到更多、更丰富多彩的文化活动。受入驻书店规模和数量影响，读者可借阅的新书范围有限，满足读者个性化需求方面还有欠缺，但在读者引导和馆藏建设方面更易于控制，而且书店的新书读者都可免费阅览，变相成了图书馆的书库。"彩云服务"模式合作书店数量多、规模大，因而服务面广，受众层次多，读者可借阅的新书范围广，更易满足他们的个性化需求，但由于读者欣赏水平参差不齐，图书质量层次不好控制，对于图书馆馆藏建设存在一定的风险。此外，书店为读者提供的阅览桌椅有限，整体阅读环境不如图书馆。

3. 湖南大学图书馆 "书非借" 闪借服务

"书非借"是湖南大学图书馆与湖南省新华书店合作，在南校区特藏分馆联合建立了"新华闪借阅览室"，展示最新出版的各类图书。读者可在此直接借阅喜欢的新书，图书馆为读者买单，到期归还给图书馆就可以。如图5.4显示了该馆的闪借服务流程。

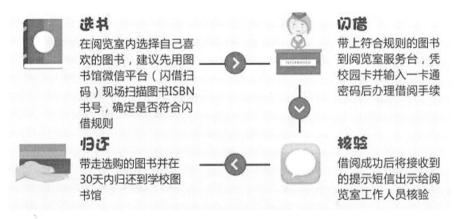

选书
在阅览室内选择自己喜欢的图书，建议先用图书馆微信平台（闪借扫码）现场扫描图书ISBN书号，确定是否符合闪借规则

闪借
带上符合规则的图书到阅览室服务台，凭校园卡并输入一卡通密码后办理借阅手续

归还
带走选购的图书并在30天内归还到学校图书馆

核验
借阅成功后将接收到的提示短信出示给阅览室工作人员核验

图 5.4　闪借流程

还有部分图书馆开展了读者通过微信公众平台或 App 下单，新华书店发货，快递送书到家，图书馆为读者买单的服务，例如中国计量大学和山东大学图书馆等，见第七章的第三节。

五、信用借书

2017 年 4 月，杭州图书馆同芝麻信用合作开通信用借还图书业务，读者通过支付宝借还图书，实现"免押金、免办卡、线上借还书、上门取送书"。杭州区域内，只要读者的芝麻分满 600 分，可享受免押金、免办卡，图书线上借还，送借书或取还书支付一定的快递费用（3 本书以内收费 3 元，每增加 1 本加 1 元，一个包裹上限 5 本书）。操作方式：

打开支付宝首页，选择"芝麻信用"，点击"借还"一栏，进入图书频道就可以了。基于芝麻信用，以互联网为纽带，将图书馆海量藏书与线上选书借阅、线下快递送书的服务结合起来。过去必须亲自跑到图书馆办卡、借阅的读者们，只需在手机支付宝上搜索"借书"这一生活服务号，便可进入线上借阅平台，搜索到想借的书籍，只需动动手指下单，即可享受送书上门的便利。

2017 年 9 月 2 号，40 多所来自全国各省市公共图书馆及高校图书馆的馆长，聚集在杭州图书馆，召开"2017 公共图书馆信用服务论坛"，讨论如何实现真正的"共享图书"。会上，杭州图书馆宣布，以后，杭州地区只要你的芝麻信用分满 550 分就可以了（由于支付宝注册芝麻信用功能的用户，默认起始分值就是 550 分）。也就是说，接下来，只要你开通了支付宝芝麻信用，就可以零门槛免费借书。蚂蚁金融服务集团副总裁、芝麻信用总经理胡滔在论坛上透露，接下来读者不仅可以在上面借图书馆的书，还可以借别人家书房里的书，把大家闲置的书籍都流动起来。未来你家的书房可以实现和全国网友的书房共享互借[38]。

2017 年 9 月，由芝麻信用，上海杨浦区图书馆和苏州嘉图软件有限公司联合打造的信用智能借书柜出现在上海，市民通过芝麻信用分免押金借还书。苏州图书馆、上海陆家嘴图书馆、宁波图书馆、重庆图书馆等也开通了支付宝线上借书（通过支付宝，搜索"借书"生活号或芝麻信用，芝麻精选服务中"借还"，选择城市，选书加入借书架，填写配送信息，下单），实现了线上借书，线下投递到家（送书上门）服务。

2017 年 11 月 26 日晚，杭州图书馆携手 23 位公共图书馆馆长，共同发布了《公共图书馆信用服务宣言》，标志着"图书馆+信用"的杭州模式已得到全国 23 家公共图书馆的积极响应，加入了图书馆信用服务体系，为实现无边界公共图书馆信息服务而努力。李国新指出，公共图书馆信用服务拆除了公众利用公共图书馆的"押金"门槛，打通了公共图书馆服务的"最后一公里"，全面彻底地落实了公共图书馆法"免费开放"的要求，必将促进更多的人走进图书馆、利用图书馆，从而更好地发挥公共图书馆在提高公民科学文化素质、促进社会文明进步、推动全民阅读的作用。图书馆信用服务是图书馆服务与现代科技融合发展的生动实践，是公共图书馆参与培育和践行社会主义核心价值观的实际行动，是公共图书馆为社会主义核心价值体系建设做出的独特贡献。信用免押金无证借还让每一位走进图书馆的读者感受文化福利的普及性，让每一位读者享受文化带给我们的人文关怀。"图书馆+信用"，让我们可以畅想，在不久的将来，每一个图书馆都能够突破地域边界和行政界限服务任何人，让每一个人都可以在任意图书馆借到所有图书馆的图书、获取所有图书馆的信息[39]。

六、刷脸借书

随着计算机技术、模式识别技术、图像处理技术等技术的快速发展，近些年来人脸识别技术得到了长足的进步。刷脸技术已在我们生活的多个领域开始应用，如网上政务、刷脸支付、刷脸取款、刷脸进站、刷脸考试、刷脸进出宿舍等。

越来越多的图书馆从 2017 年开始引进了人脸识别技术，例如，华中科技大学、海南大学、浙江理工大学、华东理工大学、厦门市图书馆和绍兴市柯桥区图书馆（下称"柯桥区图书馆"）等，用于刷脸入馆和刷脸借书等业务服务上，来提升管理和服务的人性化和智能化。刷脸服务将人脸识别技术与图书馆门禁系统和自助借还系统相结合，人脸替代了读者卡，是图书馆智慧化建设的一个重要尝试。本节以下列图书馆的刷脸借书服务为例来介绍刷脸借书这项新型的技术和操作流程。

1. 华中科技大学图书馆

2017 年 12 月，华中科技大学图书馆在主馆开通了"刷脸进馆"和"刷脸借书"试运行服务。读者从进馆到阅览、借书，无须校园卡、无须身份证，刷脸即可入馆和借书。

读者首先需要到自助借还机前，启动"人脸绑定"界面拍照（即自助借还机系统进行了升级，增加了人脸识别的摄像头硬件和人脸绑定/识别的软件程序，并与人脸识别系统对接，下同），把个人信息保存到人脸识别系统资料库中。绑定程序完成后，就可以体验刷脸进馆和刷脸借书了。进馆和借书时，读者只要将脸对着摄像头，门禁系统和自助借还机就会自动识别身份，从而完成无卡进馆和无卡借阅。

浙江理工大学图书馆和浙江金融职业学院图书馆也开通了刷脸借书服务，其刷脸借书的具体流程同华中科技大学图书馆，包括首次使用，需要在自助借还机上点击"办证"，把一卡通和办证录脸绑定在一起，放置一卡通于刷卡区读取个人信息；拍照并绑定成功后，后续借还图书无须再使用一卡通。

2. 厦门市图书馆

厦门市图书馆的刷脸"录脸"方式更加多样化，读者不仅可以通过厦门市图书馆微信公众平台绑定读者证进行录脸，还可以通过支付宝生活号"借阅宝"厦图服务界面绑定读者证后进行"录脸"，录脸成功后，到图书馆的自助借还机上点击"借书"按钮，选择"人脸识别"登录，验证成功即可借书。而且读者若忘记读者证的密码，可通过支付宝生活号"借阅宝"，在厦门市图书馆服务界面，通过人脸认证就能重置密码。

柯桥区图书馆于 2017 年 10 月份也开通了通过其官方微信公众平台

"微服务大厅"进行录脸、刷脸借书的服务。另外,读者证可重复选择绑定家人、朋友等任何人的人脸,即可同时供 2 人使用。在人脸绑定完成后,读者在图书馆的自助借还机上选择"人脸识别"的登录方式,即可进行刷脸借书。

刷脸借书这项新兴的借书操作方式,一定程度上可能能够激发或提升读者的借阅兴趣,避免了读者卡丢失带来的问题,因为人脸是具有唯一性的身份标识,不容易被复制,也方便了没有携带读者卡来馆借书的读者。当然,识别速度、准确率和稳定性有待进一步提高,另外读者还需要"录脸",增加了时间成本,接受意愿和持续使用意愿也有待进一步观察和研究。

还有,海南大学图书馆和华东理工大学等图书馆引进了刷脸入馆服务,详见第十一章的第五节。

此外,河北金融学院图书馆实现了指纹识别流通借阅功能,利用手指内的静脉分布图像来进行身份识别。使用前,读者把手指放在采像机上,静脉图像就采集完成,工作人员将其身份证信息和静脉信息绑定,并签订诚信借书协议,即完成借书身份识别。读者通过手指扫描识别,即可实现图书借阅[40]。

思考题

简述自助借还(含手机借还)的特点与优缺点。

第六章
移动图书馆

本章主要介绍移动图书馆（Mobile Library）的功能、主要服务模式（WAP 版网页、App 客户端和微信公众平台）和代表性产品及其功能体验。

第一节　移动图书馆概述

随着移动网络技术和移动设备技术的发展以及图书馆服务的泛在化，我国移动图书馆发展迅速，许多图书馆引进了移动图书馆服务。移动图书馆的概念也发生了质的变化（原先指汽车移动图书馆，一个移动的实体图书馆或短信格式指令服务模式，例如读者查询图书，需要按照某一特定格式发送短信指令到服务系统，比如"绿色图书馆＊关键词"，服务系统才能识别该指令，并以短信方式回复相应的查询结果）。移动图书馆是指所有通过移动终端设备（如手机、iPad 等）访问图书馆资源和自助业务应用的一种服务方式（一个移动的数字图书馆）。其实现任何用户（Any user）在任何时候（Anytime）、任何地点（Any-where）获取任何图书馆（Any library）的任何信息资源（Any

information resource），即移动图书馆的 5A 理念，或实现泛在图书馆①的
"8A"理念，即任何图书馆可在任何时间、任何地点向任何用户提供任
何时期、任何类型、任何格式和任何语种的信息资源。移动图书馆的目
标就是要像空气一样弥漫在读者身边的信息环境，让知识像空气一样弥
漫天际，让图书馆人人拥有、无处不在、无时不在，就像空气弥漫在身
边，随时随地（火车上、公交车上、食堂、宿舍、校园路上、野外考
察）利用移动图书馆进行文献（图书、章节、期刊、报纸、视频、学
位论文）检索、在线/下载阅读、文献传递等。

目前，移动图书馆主流的三种访问方式是：

①App 版；②微信版；③WAP 版。一种是用户通过移动图书馆
App 应用，输入"我的图书馆"登录账号和密码获取该图书馆对应的
移动服务，例如国家图书馆的移动图书馆 App，超星公司开发的移动图
书馆产品（如移动图书馆，学习通）。另一种服务模式，微信作为移动
图书馆 App 客户端，图书馆只需要调用接口来实现用户交互，把移动
图书馆功能集成到微信公众平台，大幅减少用户界面 UI 的开发量，从
而大大节省 App 服务系统建设总体成本（详见第七章）。还有一种是
WAP 版服务模式，是指使用手机等移动设备所安装的浏览器（例如系
统自带的浏览器、UC 浏览器、QQ 浏览器等）对移动图书馆的网址进
行访问以及相关功能的使用，即手机网页版模式。

---

① 泛在图书馆体现为图书馆服务的泛在化、无所不在，其显著特征是：用户在哪里，图书
馆的服务就在哪里，用户无论在何时何地都可以获得图书馆的服务，甚至用户可能还没有意识到
却已经利用到了图书馆的资源或者得到了图书馆馆员的帮助。（来源："公共文化服务"公众号，
2017-10-3）

第二节　移动图书馆技术特点与功能

移动图书馆不受校园网 IP 限制，仅需使用图书馆账号密码登录，随时随地利用手机、iPad 与移动（或无线）网络获取数字资源。移动图书馆不是一个孤立的软件平台，它与图书馆自动化集成系统、OPAC 系统、图书馆数字资源等集成。读者通过移动图书馆可以自助完成个人借阅查询、续借、预约、馆藏书目检索、图书馆最新资讯浏览以及海量电子图书、期刊论文、报纸、视频的检索，获取利用和文献传递等。移动图书馆的功能有：馆藏书目检索、个人借阅查询、图书续借、图书预约、数字资源（图书、期刊论文、报纸、视频等）检索、浏览、在线阅读、下载和文献传递、新闻通告等服务，提供实时的个性化泛在化服务。

随着信息技术的发展，通过移动图书馆或 PC 浏览器进行在线期刊论文的阅读可以采用流式媒体文章阅读技术，也就是点开即读，一读到底。流媒体阅读不需等待下载，传统 PDF 格式从下载到打开全文阅读大概需要 30 秒。而流媒体在点击的瞬间就打开了，极大地提高了科研时效。再就是传统 PDF 不能提前预览只能通过下载后才能打开全文的阅读方式，使读者无法提前预判这篇文章是否自己真正所需，往往是在大量下载等待后，读者打开一读才发现并不是自己所需，在这个过程中浪费的时间更是巨大，而流媒体很好地解决了这些问题。

第三节　移动图书馆代表性产品简介

在移动互联网时代，使用各种智能移动终端的用户数量已越来多，从这种意义上讲，图书馆为读者提供的服务也将趋于更广泛的范围和随时随地的便利性。这种突破时间空间的阅读形式可以很好地利用读者的碎片化阅读时间，而许多数字资源提供与服务商迎合技术发展、读者偏好与需求，开发出了移动端使用的应用程序。本节主要介绍部分主流移动图书馆相关产品，例如超星移动图书馆、国家数字图书馆、全球学术快报、方正 Apabi Reader、维普期刊助手等，以期让更多读者知晓并更好地使用这些产品及其功能与服务。

一、超星移动图书馆

超星移动图书馆是超星公司专门为各图书馆研发的专业移动阅读平台，它以移动无线通信网络为支撑，以图书馆集成管理系统平台和基于元数据的信息资源整合为基础，以适应移动终端一站式信息搜索应用为核心，以云共享服务为保障，通过手机、iPad 等移动终端设备，以 WAP 和 App 为应用形式，在移动设备上自助完成个人借阅查询、馆藏查阅、图书馆最新咨询浏览等，同时其拥有超过百万册电子图书、海量报纸文章以及中外文献元数据供用户检索、浏览与获取利用，为用户提供方便快捷的移动阅读服务。

具体使用方法为：

（1）在超星官方网站直接下载或在手机应用商城下载 App 客户端。

（2）安装完成后，通过移动通信设备（手机、iPad 等）登录客户端访问电子资源。登录时用户需选择所在机构，输入账号和密码，账号为图书馆借阅证账号。

（3）登录成功后，读者即可使用馆藏书目检索、图书预约、借阅信息查询、图书续借、学术资源查询、文献获取、书评、微博分享等功能，还可查找和获取利用电子图书、期刊论文、报纸、学位论文、视频、有声读物、公开课等内容。

另外，超星移动图书馆左下角"扫一扫"，供扫描图书二维码或条形码用，点击该小图标：①它可以扫描图书馆引进的歌德电子图书借阅机（Self-Check Machines for E-books）上图书右下角的二维码，电子书会自动下载并保存到移动图书馆的"书架"上，读者就可离线进行阅读；②它支持扫描任一图书的 ISBN 号，会显示出图书信息（包括作者、出版日期、ISBN 号、页数和内容提要）以及提供文献传递、全国馆藏和推荐图书馆购买的功能。

超星公司还在 2017 年推出了一款基于神经系统原理打造的知识传播与管理分享平台——超星学习通。它利用超星 20 余年来积累的海量的图书、期刊、报纸、视频、原创等资源，集知识管理、课程学习、专题创作社交于一体，可为读者提供私性化的读书空间、个性化的订阅体验、多样化的学术交流，还可实现学习学校的专业课程，进行小组讨论，完成所学课程期末考试等功能。其使用方法与超星移动图书馆大致相同。

二、方正阿帕比

阿帕比阅读软件（Apabi Reader App）是由北京方正阿帕比技术有限公司（以下简称"方正阿帕比"）研发的电子图书阅读软件，它集电子书阅读、下载、收藏等功能于一身，既可看书又可听书，还兼备 RSS 阅读器和本地文件夹监控功能。它可支持多种格式文档的阅读（如 CEBX、CEB、PDF、EPUB、HTML、TXT 格式）的电子图书及文件。根据不同的阅读需求，可选择从中华数字书苑（提供百万册图书全文的在线阅读、全文检索、借阅下载）借阅书籍或从天阅图书馆的海量图书商店购买图书，也可将个人收藏通过存储卡载入阅读。需要注意的

是此软件，需在订购中华数字书苑电子图书平台的机构无线网络范围内
使用。

三、维普中文期刊助手

维普中文期刊助手 App 是基于维普资讯《中文科技期刊数据库》
的学术期刊移动应用平台。此款应用软件可在 PC 和 App 双向授权，以
手机 App 为"介质"，通过对手机号进行认证授权，打破了图书馆现有
中文期刊服务模式的馆舍限制和 IP 限制，实现了维普中文期刊服务的
移动泛在。如果用户是第一次使用维普中文期刊助手，需要进行账号
（手机号）权限认证。目前有两种权限认证方式：

（1）IP 认证：如果用户手机处于连接图书馆（校园网）Wi-Fi 的
状态，并且所在的机构已经开通了维普《中文期刊服务平台》，用户的
账号（手机号）登录后即自动获得了权限认证，无须其他操作即可直
接使用 App 进行论文阅读、下载。

（2）网页平台二维码认证：如果用户所在的机构已经开通了《中
文期刊服务平台》，用户可以通过 PC 端登录（机构 IP 地址范围内），
在页面的右上角找到"为手机 App 授权"，打开二维码，使用维普中文
期刊助手 App 扫描此二维码即可完成对该手机账号的权限认证。当用
户依次完成了下载 App—手机号注册—账号权限认证，用户就可以在半
年内免费使用《中文期刊服务平台》（超过半年，需按照以上流程重新
注册认证）。除此之外，读者使用已经获得权限认证的中文期刊手机助
手 App，还可以反向授权任意一台 PC 设备，使其具备《中文期刊服务
平台》的使用权限。具体操作方法是：

第一步，PC 上打开《中文期刊服务平台》，点击"登录"，弹出登
录框，选择扫码登录；

第二步，打开已经获得了权限认证的中文期刊手机助手 App，扫描登录二维码，即可完成对此台 PC 的反向授权（类似于微信电脑端登录操作过程），之后用户就可以跳出所在机构 IP 限制，在任何地方的电脑上使用《中文期刊服务平台》了。

四、移动知网

移动知网又称 CNKI 全球学术快报，是中国知网专为机构读者打造的手机端文献服务平台，其整合了全球文献，为用户提供个性化的快报推送服务，实现实时了解最新学术科技前沿动态。其操作简单方便，读者可通过手机实现文献的查找、在线阅读、下载等功能，并提供文献标注信息、阅读记录等内容云同步，跨越移动端和桌面系统的限制，其轻社交功能设置，更是为读者和文献作者搭建沟通平台，读者可以通过学术文献与作者进行交流和沟通。除此之外全球学术快报还具有漫游、签到功能，初次注册登录关联机构账号成功后可漫游 15 天，在此期间如在学校内再使用，每用一天可以多漫游 7 天，漫游 60 天封顶，在学校内使用不消耗漫游天数。另读者在假期也可使用漫游功能，只需连续三天在线签到，即可在假期内免费使用所有资源。此软件在机构 Wi-Fi 内免费使用，读者可以通过位置识别（LBS）、机构 IP 绑定、漫游账号服务等方式随时随地免费使用机构已经订购的知网资源。具体使用方法为：

（1）打开知网网页链接，下载 App 客户端。

（2）登录时可使用用户名或手机号进行登录，也可使用已有的知网账号直接登录，实现一个账号多设备终端同步。

（3）关联机构账号，有以下几个步骤：进入首页—个人中心—关联机构账号。绑定机构账号后可下载该机构权限文章。机构关联有三种方式：位置自动关联，根据用户的定位位置，自动锁定机构；使用 IP 自动登录，自动检测当前无线网络权限，在机构购买的 IP 范围内下载；机构账户登录，手动输入机构账号名称和密码。读者可根据实际情况进行选择，然后就可通过机构账号的权限下载文献，文献自动进入下载列表。

五、博看期刊 App

博看期刊在原有 PC 版远程包库服务的基础上，基于目前广泛应用的移动互联网和移动终端产品（智能手机和平板电脑），将精品期刊、报纸、图书内容进行多次加工处理之后，以精美的呈现和便捷的使用展现给读者。加工处理后的期刊、报纸、图书画面清晰度更高，浏览更加顺畅，阅读体验更佳，资源内容更丰富。它可在线搜索浏览期刊，阅读时可实现文本版与图片版互换以符合读者的阅读习惯，同时可对期刊文章进行下载、订阅、收藏。博看期刊 App 有两种登录方式：一是通过手机号和验证码进行快速注册并登录；二是通过机构账号进行登录，只需输入机构账号，无须密码就可登录进行使用。同时读者还可绑定手机号，这样就可拥有独立的个人书架，随意收藏下载自己喜欢的内容。此外，许多图书馆在微信公众号平台上也集成了博看期刊的链接。

六、国家数字图书馆 App

"国家数字图书馆" App 最早于 2010 年建设投入服务，并进行了多次功能调整。2017 年，国家图书馆对"国家数字图书馆" App 进行了改版升级。新版"国家数字图书馆" App 采用扁平化设计风格重新设计客户端界面，交互设计更加友好、响应更加快速；增加书架功能，使阅读更方便。个人中心与读者相关的功能及信息进行了整合，读者可以查询在国图的在借图书、借阅历史、图书预约情况、中外文图书外借权限、滞纳金等信息；还可以查询在应用程序使用中进行的收藏、足迹等功能。注册方面，读者可以通过手机号快速注册，简化了注册流程；同时支持微信、QQ、微博的第三方账号授权登录，并且在第三方账号登录后，可以进行实名认证、绑定读者卡，以便获得更高的权限，查看更多资源。新版 App 提供强大的图书馆基础业务功能，包括新闻、公告、讲座预告的信息发布；OPAC 书目检索功能，支持扫描图书 ISBN 条码直接检索；支持读者个人信息查询、在借图书查询、欠费信息查询、图书在线续借、图书预约等功能。另外，在应用程序中添加了"文津经典诵读"栏目，读者可在每天上午 9 点接到应用程序推送的由国家图书馆精心挑选的经典诗词与格言。新版 App 提供了电子图书、学术期刊、娱乐期刊、听书、连环画等资源，为读者提供丰富多样的在线阅读资源。其中，期刊、听书、学术论文资源支持下载，可以在书架中统一进行管理，离线阅读。接入的资源数据库实现了单点登录，在应用程序登录后便可直接访问[39]。国家图书馆微信订阅号、国家数字图书馆客户端在 2017 年度"两微一端"百佳评选榜单分别入选微信贡献力十佳榜单与 App 用户服务十佳榜单。

七、浙江大学图书馆 App

浙江大学图书馆基于超星移动图书馆 App，开发定制了移动阅读平台——浙江大学图书馆 App，此 App 整合了 OPAC 馆藏目录检索系统与求是学术搜索，即 Summon 资源发现系统，把预约座位等功能集合在一起以供读者使用。用户可通过此软件自主实现个人借阅查询、馆藏查询、图书馆最新资讯浏览等功能，同时还拥有超过百万册电子图书，海量报纸文章以及中外文献元数据供用户自由选择，为用户提供方便快捷的移动阅读服务。读者使用时可按照使用超星移动图书馆的方法进行登录，即输入借阅证账号及密码即可使用馆藏查询、超星中文搜索等功能。

思考题

1. 移动图书馆的功能有哪些？并对本章所提到的移动图书馆产品进行体验。

2. 流式媒体文章阅读技术的特点和优势有哪些？

第七章
微信图书馆

本章主要介绍图书馆开通的微信（WeChat）公众平台（订阅号或服务号）的功能以及一些图书馆微信公众平台的体验。

第一节　微信图书馆概述

一、微信

微信，是腾讯公司于 2011 年 1 月 21 日推出的一个为智能手机提供即时通信服务的免费应用程序（App），微信支持跨通信运营商、跨操作系统平台通过网络发送文字消息、表情和图片，还可以传送文件，与朋友视频聊天等。微信提供公众平台、朋友圈、消息推送等功能，用户可以通过摇一摇、搜索号码、附近的人、扫二维码方式添加好友和关注公众平台。微信支持多种语言，支持 Wi-Fi 和移动数据网络（4G、5G等）、iPhone 版、Android 版、WindowsPhone 版、Blackberry 版、S40 版、S60V3 和 V5 版。截至 2017 年 11 月，微信超过 9 亿人使用，是一款拥有庞大用户群体的移动即时通信软件。

二、微信公众平台

微信公众平台是腾讯公司在微信的基础上增加的服务功能模块（2012 年 8 月 23 号正式上线），通过这一平台，个人、企业或组织可以通过微信公众号实现与用户的文字、图片、语音等沟通互动，以及提供业务服务和进行用户管理，支持聊天互动（聊天界面底部）和自定义菜单。微信公众平台账号分为服务号、订阅号、小程序和企业微信（原企业号）。服务号、订阅号和企业号公众平台又分为普通号和微信认证号（即加 V 认证，微信认证是微信公众平台为了确保公众账号的信息的真实性、安全性推出的认证服务。微信认证后，获得更丰富的高级接口，向用户提供更有价值的个性化服务，用户将在微信中看到微信认证特有的标识，点击账号主体可查看认证详情）。

（1）订阅号：主要偏于为用户传达资讯（类似报纸杂志），认证前后都是每天只可以群发一条消息，适用于个人或组织，消息显示在"订阅号"文件夹中，每天可以群发一次消息。

（1）服务号：主要偏于服务交互（类似银行、114 提供的服务查询），认证前后都是每个月可群发四次消息，消息直接显示在好友对话列表中，提供高级接口和微信支付等商户功能。

（3）企业号：主要用于公司内部通信使用，需要先验证身份才可以关注成功企业号。

（4）微信小程序：小程序是一种新的开放能力，开发者可以快速地开发一个小程序。小程序可以在微信内被便捷地获取和传播，同时具有出色的使用体验。提供一系列工具帮助开发者快速接入并完成小程序开发。

如果想简单地发送消息，达到宣传效果，建议选择订阅号。如果想用公众号获得更多的功能，例如开通微信支付，建议可以选择服务号。

如果想用来管理内部企业员工、团队，对内使用，可申请企业号。订阅号可通过微信认证资质审核通过后有一次升级为服务号的入口，升级成功后类型不可再变。服务号不可变更成订阅号。

三、微信图书馆

为了扩展图书馆与读者的沟通渠道，加强与读者的互动，优化信息呈现方式，提升读者服务体验，给读者传递方便快捷的信息，许多图书馆开通了微信公众平台，为读者在微信客户端上集成了多种应用和服务，读者关注图书馆微信公众平台（服务号或订阅号）即可实现与读者证的绑定（首次使用需要绑定），馆藏查询、续借、预约、到期提醒、研修间与座位预约、数字资源检索阅读等功能，将微信由社交媒体（Social Media）变成一个知识资源中心。

有学者较早地在海外以学术性期刊论文介绍微信在国内高校图书馆的应用情况，调查时间是 2013 年 11 月，当时的功能主要有自动应答功能，包括被订阅时的自动欢迎语、自助信息查询（读者根据系统导航提示的指令输入相应的文字、字母或数字查询公告信息、讲座信息、座位信息等与图书馆的微信公众账号对话时，微信平台利用后台管理系统设置的自动回复的模块链接，比如"公告""讲座""图书"等回复信息或返回链接页面，当微信用户在聊天窗口输入上述文字或字母后，微信公众平台可依据用户所输入的内容进行自动回复，针对用户提出的其他问题，馆员可提供单独回复）、自助业务办理（指自助查询个人借阅信息、馆藏图书信息、自助办理预约、续借、挂失、修改密码等业务）和关键词识别的咨询自动回复（指设置了读者常用的查询信息或常见问题的关键词，根据读者输入的关键词，系统自动匹配给予回复）[41]。到现在已经发展成菜单分类浏览（1 至 3 项菜单栏），即自定义菜单，利用微信的第三方消息接口和自定义菜单整合微信公众平台与图书馆应用系统，把微信公众账号做成图书馆的移动门户，把图书馆的各种业务（OAPC 系统、移动图书馆、数字资源、资源发现系统、座位管理系统、研讨室管理系统、打印复印扫描管理系统、门禁系统等），新闻资讯等集成到微信公众账号上，实现高级交互和自助查询功能。重庆大学魏群义和杨洋（译音）在《微信图书馆：移动图书馆服务的新模式》（*WeChat Library：a new mode of mobile library service*）一文中，提出了"微信图书馆"是一种新的移动图书馆服务模式[42]。

超星公司为国内部分图书馆建立了微信公众平台，为移动终端用户提供了资源搜索与获取、借阅管理、信息服务推送、移动图书馆等服务。还有广州图创计算机软件开发有限公司为使用图创 Interlib 自动化集成系统的图书馆，在微信公众平台定制开发了"微服务大厅"菜单功能，实现了图书查询、续借、转借、荐购、书店扫 ISBN 荐购借阅图书、微信电子证等（微信绑定读者证，进入门禁或借书只需要扫描微信电子证二维码即可）。让读者可以在图书馆微信端就能荐购图书、活动报名、查看个人借阅记录、续借、预约、数字阅读等。

第二节　微信图书馆技术特点与功能

第 40 次《中国互联网络发展状况统计报告》显示，截至 2017 年 6 月，我国手机网民规模达 7.24 亿，使用率排名前三的社交应用分别是微信朋友圈、QQ 空间和微博，用户使用率分别为 84.3%、65.8% 和 38.7%，这些即时通信产品致力于构建用户、内容和服务三者间的连接，进而推动即时通信成为移动互联网时代的核心流量入口。图书馆顺应时代发展趋势，充分利用微信提供各种移动应用，以适应新的技术和用户偏好。为此，图书馆把各种应用服务调用集成到微信前端，灵活定制一个多功能的微服务大厅，用户可方便、快捷地使用图书馆各种服务功能，利用新的技术将读者服务置于微信这一社交媒体新的平台上，在读者利用微信查收和发送消息的同时，及时将图书馆重要消息推送给关注的读者，而且能够为读者提供一种互动体验，促进传统图书馆业务服务升级，实现移动服务，例如参考咨询（发送语言、文字、图片、文件、留言、点赞等），以及馆藏查询、续借、超期提醒、数字资源检索阅读、打印、座位预约等，提升图书馆的服务质量，促进图书馆服务外延。

图书馆微信公众号平台可以帮助读者在微信客户端上实现以下功能：

1. 自动应答与馆员回复功能

（1）自动智能应答，包括被订阅时的自动欢迎语、非人工服务时间的消息自动回复、关键词识别的自动回复。

（2）人工实时交互问答，对用户发送的消息进行实时回复。

2. 消息推送、浏览和检索功能

发布新闻消息和图书馆资源动态，通过文字、图片、语音与用户全方位沟通和互动，扩大信息交流和文化宣传服务。发布关于学校或图书馆事务的热点报道、精选新入馆藏图书推荐、新增电子资源与新技术新服务介绍、特色馆藏介绍、讲座培训活动等，读者可在每条推送的消息后留言和点赞（馆员可回复互动和精选留言），还能为读者提供图书馆服务介绍、图书馆利用过程中的常见问题、开馆时间、馆藏分布介绍等服务，以及浏览自开通官微以来的历史推送消息。

3. OPAC 服务

通过与 OPAC 系统对接，实现馆藏书目检索以及"我的图书馆"

移动服务。读者绑定一卡通（或借书证）借阅账号后，可以查看个人信息、当前借阅记录，进行续借、预约委托、荐购、转借（见第五章第三节）以及成功借还书提醒、预约到书提醒、已借图书快到期提醒或逾期提醒等（读者完成借书或还书后，微信会自动接收到借书成功或还书成功的提示信息，同时提供书刊到期提醒、预约到书提醒等点对点信息推送服务）。

4. 你阅读，我买单与网上借还服务

对接开放式采购系统，读者在书店扫 ISBN 或 App 或微信平台荐购借走图书，或对接图书馆自动化集成系统，通过微信实现选书、下单、支付快递费（或免快递费）、送书上门的网上借阅服务和还回服务（支付快递费或免快递费、放到指定还书点、工作人员取回代还）（详见第五章第三节）。

5. 其他功能集成

集成的其他功能包括：移动图书馆界面与功能集成、学术资源发现系统、新读者入馆教育（迎新专栏）、座位查询与预约系统、研修间预约、在线报刊阅读（微信期刊阅览室、博看微刊等）、报名参加讲座活动、微信打印等。

6. 微信电子借阅证

微信绑定读者证后，到馆只需要扫描微信电子证二维码，即可扫码进入门禁或办理借书业务。

第三节　微信图书馆案例与功能体验

本节主要分享部分公共图书馆和高校图书馆利用微信公众平台开

展的创新与特色服务，例如苏州图书馆网上借阅（类似的，杭州图书馆"悦借"和"悦读"服务，见第五章第三节）、海南省图书馆微阅读，广东省馆 Wi-Fi 上网、中山大学图书馆权限激活和超期教育微服务（见第十一章第三节）、中国计量大学微信扫码续借，等等，以期为图书馆在官微上开发新的应用提供启示和借鉴，让更多的读者知晓这些服务。

1. 海南省图书馆：微信"城市服务"

2016 年 3 月，海南省图书馆图书查询服务在微信的"城市服务"板块上线。只要定位在海南的微信用户，都可以通过微信查询海南省图书馆的馆藏书目。此举系海南省政府与深圳市腾讯计算机系统有限公司签订的战略协议，明确合作建设"微信智慧海南"，在电子商务、政务服务、居民生活、智慧旅游等领域共同打造全省一体化的微信智慧城市公共服务平台，打通政府、企业、居民和游客之间的数据共享渠道，是"互联网+"战略背景下大力拓展智慧城市功能，发挥移动互联网的优势，为读者提供优质服务的便民举措。

具体查询时，读者可以打开微信 App，依次点击"微信钱包"→"城市服务"→"图书查询"，即可进入海南省图书馆页面。目前已开放了书目查询、续借、预约等一系列服务[43]。

此外，海南省图书馆在微服务大厅菜单栏，除了读者证绑定（解绑）、书目检索、个人中心、我的借阅、图书续借、荐购等功能之外，还具有活动报名（如图 7.1 所示）、在线办证、二维码电子证等功能（如图 7.2 所示）。在微阅读栏目中，集成了"软件通"、"微少儿"、"书香海南"、"微学习"和"博看书苑"的数字资源和学习资源平台，为读者充电学习、建设书香中国、阅读推广等发挥了社会教育职能（如图 7.3 所示）。海南省图书馆——"书香海南"微信公众号运营服务项目由社会力量负责运营维护，这也是政府向社会力量购买服务的一种体现，以更好地构建现代公共文化服务体系。

图 7.1　活动报名　　　　　　图 7.2　微服务大厅

2. 广东省立中山图书馆：Wi-Fi 上网

广东省馆推出微信扫码认证———一键上网服务，通过关注该馆官方微信平台，选择"我要办理"→"Wi-Fi 上网"，根据微信提示操作，绑定读者卡后连接上线（没有读者卡的读者需到服务大厅办理 D 类卡、上网卡、免押金），第二次使用，只需打开微信，点击"Wi-Fi 上网"即可，免去了输入读者证号和密码以及快捷认证和登录无线网络等步骤，读者可使用购买的电子资源，亦可访问浏览其他网页和应用。还可以通过该界面和功能选择下线（如图 7.4 所示），退出无线网络的登录，上网时长不再计算，该馆规定读者每人每天免费上网时限累计为 4 小时，时限用完将自动断网，不能续时。

图 7.3　微阅读菜单栏

图 7.4　广东省立中山图书馆：Wi-Fi 上网

3. 华中科技大学图书馆：扫码查书

华中科技大学图书馆在微信公众平台资源栏目增加了"扫码查书"功能，可以扫描图书背后的 ISBN 条码进行查询馆藏，也可以扫描图书内页图书馆的条码号进行查询或扫描馆藏目录检索图书书籍二维码进行查询，扫码查看图书馆是否有馆藏，例如，扫描贾平凹著的《我是农民》，2013 年漓江出版社出版，ISBN 号 9787540765064，显示"没有查询到该书"，如图 7.5 所示，通过 OPAC 检索（Innovative Interfaces™，Millennium 自动化集成系统）确认没有该书。如果馆藏有，那么系统自动显示该书籍信息（如图 7.6 所示）和点击"查看网页详情"则转到馆藏目录检索结果页（查看索书号、在馆状态等）（如图 7.7 所示），方便读者在书店或任何地方看到想阅读的图书，通过扫描 ISBN 号来进行馆藏查询。

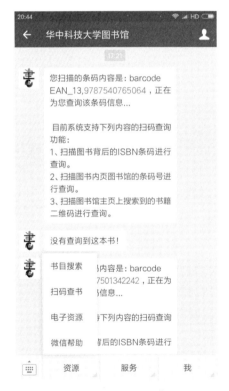

图 7.5 扫码查书馆藏无

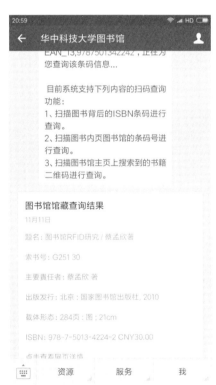

图 7.6 扫码查书馆藏有

图 7.7　扫码查书馆藏有转到 OPAC 检索页

4. 中国计量大学图书馆：扫码续借

中国计量大学图书馆为了迎合读者习惯使用手机扫一扫（条码或二维码）的偏好，拉近与读者的距离，增加了"扫码续借"的功能。使用扫码续借的前提需要绑定读者证信息，然后扫描要续借图书的馆藏条形码，读到馆藏条形码后提示点击续借，同自动化集成系统（该馆使用的是汇文™ILS）通信交互，完成续借业务，如图 7.8 至图 7.11 所示。

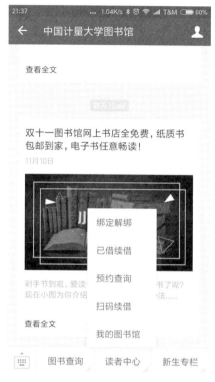

图 7.8 "读者中心"→"扫码续借"

图 7.9 扫描馆藏条码

图 7.10　读到条码，提示续借　　　　　　图 7.11　续借成功

　　如图 7.12 和图 7.13 还显示了读者中心栏目中的"已借续借"功能页面，较"扫码续借"更为方便地实现图书的续借，尤其当借阅的图书不在身边无法扫描条形码（不是 ISBN 号）的时候。如果增加"一键续借"功能，更方便读者一次点击完成所有图书的续借，尤其是同一天到期的图书。

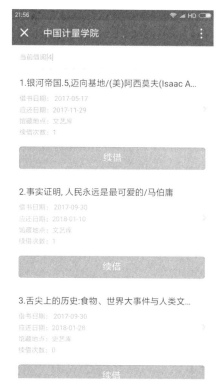

图 7.12　已借续借，当前借阅信息　　图 7.13　已借续借，选择图书进行续借

　　此外，该馆的微信平台还集成了超星和畅想之星电子图书、新生专栏和芸悦读（如图 7.12 所示）以及汇文系统"我的图书馆"功能（相当于把 PC 端浏览器中 OPAC "我的图书馆"功能移到了微信公众平台，如图 7.14 所示）。该馆相继开通了"畅想之星"电子书 PDA 和"芸悦读"借购服务，这两项服务支持读者自主选购自己喜欢的图书，费用由图书馆承担。通过图书馆微信，读者一键下单，电子书即买即读，纸质书快递到家。图书馆联合浙江新华书店馆藏公司推出线上购书（借书）的"芸悦读"服务。关注图书馆微信，选择"图书查询"→"芸悦读"，注册芸悦读账号，绑定图书馆读者证号，浏览搜索图书，

找到自己喜欢的书后，在书籍详情页点击"借购"或"加入借购车"，然后去借购，填写配送地址，生成订单，在"我的借购"栏目中读者可查看订单的物流状态，到货后签收，确认收货。

图 7.14　微信公众平台——
"我的图书馆"功能图

图 7.15　快到期图书和逾期
图书自动提醒

"芸悦读"为读者参与到馆藏资源建设，快速便捷获取图书资源提供个性化服务。书店与图书馆强强联合，读者可享受足不出户的借阅体验，成功下单后书店即时发书，快递送书到家，图书馆为读者买单。读者使用"芸悦读"借阅需遵循一定规则，详细查看该馆 2017 年 7 月 5 日推送的微信内容"计量图书馆开了家'网上书店'：全场免费，而且包邮！纸质书、电子书都有！"山东大学图书馆也采用了

"芸悦读"服务，同新华书店合作网上选书借购，并集成在微信公众平台资源服务栏"捷阅通"，读者参与馆藏资源建设的方式成为了图书馆传统采购模式的重要补充，赋予了读者更多的自主选择权，扩展了图书馆传统的资源建设模式。读者参与的广泛性、参与过程的直接性、选购图书的针对性、选购图书的零散性等特性，受到越来越多图书馆和读者的青睐[44]。

无论是中国计量大学图书馆的扫码续借还是华中科技大学图书馆的扫码查书，都需要同 ILS 进行集成，包括馆藏书目数据的获取、读者信息的获取、借阅信息的获取等，这些服务的开展也得益于智能移动设备摄像头、条码/二维码等技术的成熟。通过扫码还能实现闪借查询（例如，湖南大学图书馆在新华闪借阅览室利用图书馆微信平台"闪借扫码"功能现场扫描想借阅图书的 ISBN 书号，确定是否符合闪借规则）和扫码荐书（例如，昆明理工大学图书馆通过微信公众平台的"扫码荐书"功能，扫描图书的 ISBN 号，如果馆藏没有的话，直接进行荐购操作，前提需要绑定读者证号）。

5. 湖南大学图书馆：存包柜记录、扫描文件下载与违约金支付

关注湖南大学图书馆微信公众服务号（hndxtsg），绑定读者证号，可以进行多项信息查询，随时了解自己的图书借阅情况和进行续借以及收到点对点的图书快到期和与超期提醒。更重要的是，该服务号还具有下列特色功能：①存包柜记录查询：不少读者会忘记自己的物件存到哪个存包柜里了，这时可以用微信查一查自己的存包记录，如果将来能实现通过微信扫码进行取存物件，就更加方便。②欠费查询与违约金支付：通过微信查询逾期违约金或图书损坏与丢失赔偿与加工费，还能实现通过微信来支付图书滞纳金。③扫描文件下载：通过自助打印复印扫描系统和设施扫描的文件，除了发送到绑定填写的邮箱外，还可以通过

微信平台"扫描下载",随时可调用扫描的文件(此功能集成了自助打印复印扫描一体机管理系统)。浙江大学、同济大学图书馆也开展了微信打印的服务,通过微信公众平台绑定读者证号(已绑定,无须再绑定),选择"服务"→"微信打印"(浙江大学图书馆)或"我的服务"→"我的打印"(同济大学图书馆)链接,上传打印的文件(支持 Word、Excel、PDF、Jpg 等文件格式),上传文件后凭一卡通到图书馆自助打印点刷卡缴费取走文档。④阅览室流量查询:去图书馆学习之前,可以利用微信查看各个阅览室的流量,掌握各个阅览室的空座数量,决定是否去图书馆自主学习或去哪个阅览室。类似的,同济大学图书馆在微信平台可以查询阅览室余座、电子阅览室余座和打印机状态(分别集成了座位管理系统和自助打印复印管理系统),昆明理工大学图书馆微信平台"微服务大厅"也提供了剩余自修座位的查询,还有许多图书馆在微信平台集成了座位预约和研修间预约系统(详见第十一章第一节)。

湖南大学图书馆开通的"订阅号"将停用,只保留"服务号"。湖南大学图书馆微信"服务号"在原有的"订阅号"基础上,新增了许多服务功能,并实现微信在线支付、座位查询、自习室座位管理等新的功能,这也是服务号的优势。

第四节 微信图书馆宣传

一、"拉拢"读者关注、线下线上齐推广

图书馆是以读者为中心开展各类资源服务的,读者参与是充分发挥图书馆资源与服务价值的重要条件。利用微信开展图书馆服务营销,关

注读者是营销的基础，没有这个基础一切都是空谈，可以通过如下几个方面让更多读者关注微信。

1. 有奖参与，快速传播

可以通过有奖参与微信活动的方式增加关注数量，一般读者对有奖比较感兴趣，图书馆可以购置书签、便笺、笔等小礼品作为奖品，同时可在小礼品上印制学校或图书馆 logo 以更加吸引读者。由于读者学习、生活区域比较集中，通过有奖方式举办活动，容易形成口口相传的效应，达到快速传播的效果。

2. 鼓励转发，增加曝光率

群发微信消息，只能送达到微信关注者，潜在的关注对象无法接收到消息，充分利用微信朋友圈的功能，鼓励已经关注微信的读者转发分享图文消息，可以吸引更多潜在的关注对象。

3. 游戏思维，加强互动

人人都有好奇心，人人都有一颗爱玩的心，特别是当前的大学生更是这样的心理，通过设计小游戏，如找书闯关游戏，让读者在娱乐中了解更多图书馆的相关服务。还可以通过举办微信活动，拉拢读者关注微信，如通过微信进行活动报名等。

4. 无处不在的微信二维码

在图书馆电梯、读者手册、我的图书馆、图书馆网站首页、微博发布、邮件群发等发布二维码信息，引导读者关注。

二、幽默的语言风格

幽默的语言不但给人带来亲切感，更能带来更多转发分享，图书馆在移动推广平台上用"爱图书，爱读者；爱纸本书，爱电子书；爱网络，也爱数据库；最爱来图书馆的你"这句话介绍自己，得到众多读者点赞和转发。幽默的语言风格可以从如下几个思维方式组织语言，首先是节日思维，传递的是温情，传播的是品牌。通过送上节日的问候，附带提示图书馆的相关服务，如节日期间开放时间等；其次是关爱思维，给人一种关心关爱的感觉，如我和馆长有个约会来代替直白的表述；第三是文艺思维，大学生是有知识、有理想的群体，是"文艺青年"的主力军，有文艺风的语言风格更能吸引读者阅读转发，如"小鲜肉们（萌新）快来看，这样才有范！"

三、强化功能实用性

实用性是读者关注图书馆微信的主要驱动力，除了微信本身具有的功能外，可以通过微信开发更多与图书馆服务相关的功能，让读者通过图书馆微信方便地使用各项功能和服务，如书目查询、到期自动提醒（如图 7.15 所示）、预约到书提醒。另外，要合理设计微信菜单，语言简洁，强化界面效应，尽量避免经常变动。

四、开发个性化功能

在开发者模式下，充分利用第三方提供的 API，实现很多个性化功能吸引读者，如图书漂流瓶、摇一摇图书、馆员在线、微信打印、座位查询与预约、快递查询等。以读者需求为中心，开发更多个性化功能，如发送"预约"，返回读者已经预约图书的到馆状态，也可以与校园卡绑定后，不同的学生咨询微信响应不同的学科馆员、推荐本学科新到书籍及电子资源等[45]。

思考题

1. 微信图书馆有哪些功能？
2. 微信图书馆和移动图书馆有哪些区别？

第八章
馆际互借与文献传递

你想获取的文献资料图书馆没有购买？被其他读者借走了？自己购买外文书又太贵？这都不是问题，全国高校和国家图书馆、上海图书馆的资源都可以通过图书馆的馆际互借和文献传递服务获得，国外图书馆收藏的文献也可以申请国际馆际互借，通过馆际互借和文献传递平台和服务申请的馆际互借和传递的文献直接发送到读者个人邮箱（期刊论文原文或扫描版、纸质图书扫描版）或者寄送到本校图书馆（原版纸质图书，需返还或文献复印版无须返还）。本章主要介绍馆际互借与文献传递（Interlibrary Loan & Documentation Delivery）服务和平台，分享读者如何利用该服务获取本馆没有订购的数字和纸质资源。

第一节　概述

任何一所图书馆都不可能把全世界所有的文献资源购买或收集全。如果读者遇到需要的文献资源本馆没有订购或无法查找到的情况，此时，便可以使用图书馆的馆际互借和文献传递服务，图书馆通过各种途径帮助读者从中国大陆、中国港台，以及国外查找需要的资料，读者也可以通过本馆的馆际互借系统以及中国高等教育文献保障系统（CALIS）、中国高校人文社会科学文献中心（CASHL）、北京地区高校图书馆文献资源保障体系（Beijing Academic Library & Information System，BALIS）和百链云图书馆等自主检索并在线提交传递请求。馆际互借与文献传递是图书馆资源共享的主要形式之一，越来越多的图书馆，尤其是高校图书馆和专业图书馆开展了馆际互借与文献传递服务。我国的国家图书馆、上海图书馆、清华大学图书馆、北京大学图书馆等文献资源丰富的图书馆均开展了面向其他高校图书馆的馆际互借与文献传递服务。OCLC World-share ILL 提供了全球范围内的馆藏书目检索和馆际互借服务。CALIS、CASHL、NSTL 均为全国范围的高校图书馆提供馆际互借与文献传递服务。一些省市本着互助互惠的原则成立了馆际互借协作联盟，图书馆在协作联盟内开展区域性的馆际互借与文献传递，包括同一省的区域性协作联盟和同一城市的区域性协作联盟。例如，北京地区多所图书馆的读者可以利用本图书馆办理的馆际借阅证到其他馆（如北京大学、清华大学、中国人民大学、北京师范大学、北京外国语大学和中国科学院国家科学图书馆）借阅本馆没有收藏或无法查找到的或处于外借状态急需的图书，再如江苏省高校图书馆通用借书证和南京高校（江宁地区）图书馆联合体（南航、东南大学、河海大学等图书馆）通用借书证，办理通用借书证，免费到联合体图书馆借阅图书、查阅资料等。还有具有相同专业的高校图书馆间开展馆际互借与文献传递服务是实现同学科专业资源共享的有效途径，例如财经、医药、军事、冶金类院校。

馆际互借与文献传递服务是一项收费服务，所以建议读者先查找本馆馆藏目录（OPAC）和订购的数据库资源检索所需的文献，确认本馆没有订购或收藏所需要的文献后，再通过馆际互借与文献传递平台进行检索和发送请求，以免浪费不必要的时间和金钱。每次服务的费用主要是查找、复制、扫描、邮寄等产生的费用。同时，为了减轻读者负担，许多图书馆对馆际互借和文献传递服务补贴或全免费，由图书馆统一支付费用。另外 CALIS、CASHL、国家图书馆均有明确的收费标准，并且像 CASHL 经常推出优惠活动，例如庆祝教师节全国优惠活动，CASHL 馆藏期刊：100% 补贴；CASHL 图书部分章节复制 50% 补贴。CASHL 从 2017 年 6 月 18 日开始，面向西部高校成员馆试行文献传递免费服务，免费服务内容包括 CASHL 馆藏期刊论文文献传递服务和 CASHL 馆藏图书部分章节传递服务。下面分别介绍馆际互借和文献传递服务。

一、馆际互借

馆际互借服务是为本机构读者借阅外馆收藏的纸质图书的服务，分为借阅返还（原版纸质图书）和复制非返还（文献复印版）两部分，是一个由其他图书馆（借出馆）邮寄至读者所在图书馆（借入馆）的馆际互借部门后再通知读者前来取书（原件或复制件）的过程。馆际互借图书获取途径如下。

1. 利用馆际互借证借外馆图书

利用馆际借书证到联盟图书馆或开通馆际间互借服务协议的图书馆借所需图书（建议提前访问 OPAC 查阅相应的馆是否有需要的图书），由读者本人亲自到相应图书馆借阅。借阅时长遵循相应馆规则，图书到期后，由读者本人到借出馆还书，并确认图书确实归还到馆。如果在图书借阅过程中出现图书遗失、损坏和逾期罚款等情况，均由读者本人负责。

2. 通过 CASHL、CALIS、BALIS 等提交借书申请

读者通过 CASHL、CALIS、BALIS 等馆际互借系统提交馆际借书申

请，首次使用需要注册账号（图书馆开通）或采用校园卡登录，有相应的借阅册数、借期和需支付一定的馆际互借费用。也可以通过 CALIS e 得提交国家图书馆借书申请。目前采取邮寄送书的方式，图书到达图书馆，馆际互借处通知读者到馆办理取书手续。如果选择的是借阅返还模式，则传递的是原书，图书阅毕，归还馆际互借处，由馆际互借处代还（邮寄）出借馆；如果选择的是复制非返还模式，则传递的是图书的复制件，无须归还。也可以使用图书馆购买的读秀或百链云图书馆进行图书的传递，读者填写咨询申请表，所咨询的文献资料发送到读者的 E-mail，每本图书咨询不超过 50 页，所有咨询内容有效期为 20 天。

3. 通过本馆的馆际互借系统提交借书申请

通过本馆馆际互借系统在网上提交借书申请，由馆际互借处（部门）代为读者借书，书籍借到后，通知读者前来馆际互借处取书；图书阅毕，归还馆际互借处，由馆际互借处代还出借馆。通过这种方式借阅图书的收藏馆有：国家图书馆（也可以通过 e 得文献获取平台检索图书，直接采用校园卡登录提交申请）、上海图书馆（也可以通过 e 得文献获取平台检索上图书，直接采用校园卡登录提交申请）、香港大学图书馆、香港科技大学图书馆、大英图书馆及 OCLC 部分成员馆。借阅时长遵循一定的规则，费用 6~200 元/本（依据对方馆实收费用收取）。目前，开通的本馆馆际互借系统的图书馆有国家图书馆、北京大学图书馆等。

二、文献传递

文献传递服务是为读者扫描、复印、传递（纸质复印或电子）本馆未收藏的期刊文献、会议文献、学位论文、报告等。服务方式主要是读者通过 CALIS、CASHL、百链云图书馆等检索文献，在线提交文献传递请求，文献（扫描件 PDF 或电子原文）通过电子邮件直接发到读者邮箱。CALIS 和 CASHL 的使用不受 IP 地址范围限制，需用账号登录（注册或用读者证号登录），并收取一定的费用，由所在图书馆补贴或读者支付。百链云图书馆需要在购买机构的 IP 地址范围内或个人认证账号登录，进行免费中外文文献传递。

衡量馆际互借和文献传递服务质量的重要指标有资源的丰富程度、系统的易用程度、服务满足率、传递的速度，等等。馆际互借与文献传递服务要遵守我国版权法的有关规定，用户在使用馆际互借和文献传递提供的文献时，必须遵循中华人民共和国有关的版权法，进行合理使用，不得直接用于以盈利为目的的活动中。

三、服务宣传与推广

许多高校图书馆开展了馆际互借与文献传递服务，但仍然有些读者不知道开展了此项服务。例如，读者有时为了获取 1 篇文献，亲自到国家图书馆查找、托在国外就读的同学获取文献等，费钱费时费力，殊不知图书馆就有此项服务。北京大学图书馆对馆际互借服务使用情况的调查结果表明，馆际互借服务并没有被大多数学生所使用，很多学生甚至都不知道馆际互借服务。因此，需要加大宣传和推广力度：①全媒体融合式：电子宣传和图书馆服务相融合，不仅在图书馆主页、学校信息门户、微信、微博、BBS 等平台上进行电子宣传还要融合图书馆学科、参考咨询等服务。②图书馆阵地式：图书馆的总借还处、总咨询处、馆际互借与文献传递处、多媒体学习中心、中外文图书借阅处、教育学资料室等摆放专门制作的宣传单页。③走近读者式：到图书馆自习区、学生食堂、教学楼前等以走近读者的方式发放宣传册。④活动嵌入式：将馆际互借服务的宣传嵌入到新读者入馆教育、毕业季、世界图书与版权日等系列活动中宣传。⑤系列专题式：除了通过专题网站、海报等进行宣传外，还可以开展专题讲座，尤其在寒暑假前，可专门开设《校外馆藏资源检索（馆际互借与文献传递）》讲座。

第二节 馆际互借与文献传递的平台与特点

接下来，介绍几种主要的馆际互借与文献传递平台。读者可通过这些平台检索所需资源并且发出文献请求，平台有效地实现了读者的文献请求和馆际互借员的回应，并进行自动化的计算机处理。如当读者通过文献传递系统提交请求后，馆际互借员会在系统的外馆请求看到读者的请求，根据文献信息找到所需文章，并通过系统上传文件，此时读者将会收到来自系统的一封邮件，提示其打开相应链接进行下载，文献传递服务时间大大缩短，一般几分钟到两天内读者就会收到请求文献的邮件。除了网络传递文献之外，还有物流技术应用到图书的返还式（或非返还式，即复印件）馆际互借环节中，图书的寄送时间大大缩短，并能通过物流系统进行定位跟踪，及时了解信息。

一、OCLC WorldShare ILL

伴随着国际学术交流的日益繁盛和研究水平的不断提高，我国研究工作者对外文文献的需求呈现迅速增长的趋势，这对图书馆馆际互借和文献传递服务提出了更高要求。联机计算机图书馆中心（OCLC）的馆际互借平台——WorldShare ILL 作为全球最大的馆际互借和文献传递网络系统，跨越了文献语种、庞大的信息量和多币种结算等多种障碍，在世界范围内运行并支持全球文献资源的共享。

OCLC 的馆际互借服务的历史可以追溯到 1979 年，已完成了超过 2

亿条服务请求，涉及各种类型的图书馆用户。在 52 年的发展过程中，OCLC 对该服务不断推陈出新。曾任 OCLC 总裁兼首席执行官的杰伊·乔丹（Jay Jordan）曾说过"高效的资源共享是 OCLC 合作的心脏"。近年随着互联网技术的飞速发展，在云计算技术的推动下，OCLC 对底层系统基础架构进行了改革，于 2011 年年底推出了 WorldShare 云平台，目前 OCLC 的图书馆管理、元数据等多项服务已迁移到该平台。依托新的底层架构，2013 年 OCLC 推出了馆际互借新平台——WorldShare ILL。这个平台支撑的是全球性资源共享网络，加入的会员（成员馆）众多，汇集了海量资源，在一个界面下集检索、创建、发送、管理和跟踪馆际互借和文献传递请求于一身，使工作步骤流程化，同时将工作中常用的信息进行了模块化设置，这种集中式、流程化的管理模式可以有效地帮助工作人员提高工作效率，同时也提升了终端用户的体验。

OCLC 作为非营利性非官方组织，不会获得来自美国政府的财政支持，需要对自己的财政负责。OCLC 在财政方面坚持成本分担的原则，向开通 WorldShare ILL 服务的会员单位收取一定的服务费来维持该项业务的发展。费用的高低与所在国家的发展程度、图书馆借入/借出的数量以及订购的相关产品多少有关。OCLC 不向每一笔申请提供补贴，更不会为申请全额买单。借出馆向借入馆收取的费用，由借入馆支付，每一笔申请的费用是由借出馆根据自身的馆际互借政策、文献传递方式等情况来决定的，OCLC 不作干预。在结算方面，委托第三方统一结算，大大节省了管理成本。由于对费用等多种因素的考虑，我国大部分 OCLC WorldShare ILL 成员馆并未将平台面向读者终端完全开放，读者所需要的文献仍由图书馆馆员代为提交。

在资源建设方面，WorldShare ILL 平台中的资源检索依托 OCLC WorldCat 联合目录数据库，WorldCat 是世界上最大的书目记录数据库，包含 OCLC 近两万家成员馆编目的书目记录和馆藏信息。从 1971 年建库到目前，共收录有 484 种语言、总计达 4.5 亿多条的书目记录和 27.9 亿多条馆藏记录，可以说 WorldCat 展现的是世界图书馆的"集体馆藏"。全球共有近两万所图书馆为 WorldCat 提供书目数据，这些图书馆的类型多种多样，不仅有高校图书馆，还有国家图书馆、公共图书馆、专门图书馆等其他类型图书馆。WorldCat 数据库的文献类型多种多样，包括图书、手稿、地图、网址与网络资源、乐谱、视频资料、报纸、期刊与杂志、文章以及档案资料等，覆盖各个领域。该数据库平均每 10 秒更新一次。在资源检索上，WorldShare ILL 平台整合了相关资源，采取的是类似谷歌的"一站式"检索，检索高效、便捷。

WorldShare ILL 目前可以搜索 186 个国家和地区的图书馆近两万所图书馆的书目数据和馆藏地址，也可以搜索当地图书馆的馆藏书目数据，也可以从 Amazon 上直接购买。World Share ILL 拥有 4.5 亿条书目记录，涉及 27.9 亿多条馆藏资料，包含数百种语言和所有格式，包括数量激增的电子资源和数字对象，命中率高、元数据质量受控、应用 FRBR 规范化记录可以让读者快速定位资源。

二、CALIS

CALIS 系统整合了全国高校图书馆收藏的各类文献资料，为读者提供"一个账号、全国获取"的一站式服务，为各成员馆之间提供资源共享的平台。部分高校读者可通过所在高校一卡通账号登录检索获取文献，例如南开大学、吉林大学等，但 CALIS 内蒙古文献信息服务中心的成员馆的读者目前无法使用读者证号登录，这与没有集成读者信息有关，如果读者需要文献请求，只能通过馆员处理，而读者自己无法提交馆际互借和文献传递申请。

CALIS 目前开通的服务有：CALIS 联合目录（即 CALIS OPAC 系统）、e 得文献获取（CALIS 成员馆的读者用户均可获得 e 得所提供的文献获取服务）、CALIS 外文期刊、CALIS 学位论文、CALIS 全文资源以及与国家图书馆、上海图书馆、国家科技图书文献中心的合作服务已经开通，高校读者通过本馆的图书馆用户账号，即可获得上述图书馆或文献中心丰富的馆藏资源，其中国家图书馆和上海图书馆也提供原书邮寄外借服务。

三、CASHL

CASHL 作为全国性的、唯一的人文社会科学外文文献资源保障体系，自 2004 年以来通过自主研发的系统平台面向全国提供馆际互借和文献传递服务，为国内的学术发展提供了有力的文献支撑。CASHL 是教育部为振兴我国哲学社会科学的发展，于 2004 年建立的文献保障体系。其建设宗旨是组织若干所具有学科优势、文献资源优势和服务条件优势的高等学校图书馆，有计划、有系统地引进和收藏国外人文社会科学文献资源，采用集中式门户平台和分布式服务结合的方式，借助现代化的网络服务体系，为全国高校、哲学社会科学研究机构和工作者提供综合性文献信息服务。十余年来，CASHL 馆际互借服务与资源建设不断推进，并通过一系列宣传推广活动快速发展了众多成员馆和终端用户，形成了一个较为稳定的管理合作模式和资源共享网络。终端用户可以自主将在 CASHL 主页检索到的文献直接提交给服务馆（如果有多个馆有需要获取的文献，终端用户可以选择某个馆提供传递服务），提供服务的相应馆（借出馆）以纸质文献（原件或复制件）邮寄到终端用户所在馆（借入馆），或以电子文献（纸质文献扫描、电子原文）直接发送到终端用户邮箱的这种去除中介化的调度方式简化了流程，加快了读者获取文献的速度。

　　资源是服务的基础，CASHL 除了购买资源外，还吸纳多种类型的图书馆加入成为成员馆，并进一步整合成员馆的馆藏资源，对文献资源进行高效整合，为人文社科学者提供一个国家级的全方位人文社科文献资源信息平台。CASHL 的成员馆被分为两种：一种是用户馆（只借入文献，不提供借出服务，例如包头师范学院）；另一种是服务馆（既借入文献，又提供借出服务。例如，北京师范大学）。在借入文献时，各馆还可获得 CASHL 专项补贴；服务馆在提供文献服务时，可获得CASHL 的奖励性补贴，且在馆员交流培训学习上有一定的优先权；在义务方面，除借还书的常见规则外，成员馆都需遵守 CASHL 收费标准、岗位设置要求、联系方式上报和配合中心结算等方面的义务。CASHL同样鼓励更多高校加入平台获得服务（成为成员馆）。但相比用户馆，成为服务馆要经过一段时间的筹备期，然后由 CASHI 管理中心审核，具备服务条件和资源特色优势（如收藏小语种文献或区域研究相关文献等）的图书馆将被吸纳正式成为 CASHL 的服务馆。

　　从 CASHL 获取文献，执行 CASHL 的收费标准。

1. 文献传递

　　CASHL 文献传递费用 = 查询费+复制费+加急费。其中，复制费：¥0.30 元/页（指复印+扫描）、加急费：¥10.00 元/篇、查询费：仅代查代检服务收取。高校系统内：¥2.00 元/篇；高校外的国内其他文献收藏机构：¥5.00 元/篇；国外高校或文献收藏机构：¥10.00 元/篇。

2. 图书馆际互借

　　CASHL 图书借阅费用 = ¥40.00 元/册（包括单程快递或普通挂号费用）。

　　逾期归还图书，每册图书须缴纳逾期使用费 ¥0.50 元/天。

图书丢失或损坏的赔付：遵照各提供馆的规定执行。

选择上海图书馆进行图书借阅，费用如表 8.1 所示。

表 8.1　服务费用

地区	上海地区	长三角地区	其他地区
价格	18 元/册	23 元/册	28 元/册

注：上表服务费用包括邮寄书的往返物流费用。该服务价格从 2014 年 11 月 1 日执行。

也就是说，如果通过 CASHL 申请图书馆际互借，选择借阅（返还）模式，馆藏地址选择上海图书馆（如果有的话），则费用较少。与 OCLC 的政策不同，CASHL 作为文献中心得到了国家财政的支持，经费一方面可用来购买资源，另一方面可用作服务补贴。CASHL 的补贴分为两种：一种是对终端用户、服务馆的直接补贴；另一种是通过 CASHL 管理中心做统一的收支结算，将服务的实际费用从用户馆收取后支付给各服务馆。补贴政策一定程度上可以减轻图书馆、终端用户的费用负担，读者可安心获取文献，补贴服务馆则有助于促进服务质量的提升。但另一方面，每逢全额补贴时，就会有申请量"井喷"的现象出现，这种情形给服务馆带来突发性的很大工作压力，同时也增加了资源被滥用的风险。

四、中国国家图书馆馆际互借平台

国家图书馆馆际互借中心依托国家总书库宏富的文献资源，以自愿互利的原则，最大程度上满足用户对所在地区图书馆缺藏文献的需求，实现最大限度的资源共建共享。国家图书馆早在 1927 年就开启了馆际互借业务。中心已与全国 34 个省市自治区的 600 余家图书馆建立了馆际互借关系，年受理借阅请求量达 3 万余册。各地各级各类型图书馆以及通过资格审核的非图书馆机构，可以签订馆际互借协议，与中心建立馆际互借关系。登录国家图书馆联机公共目录查询系统提交申请，在一个工作日内响应读者的请求，将读者所需资料邮寄到注册的地址。同时，国家图书馆国际互借中心已与世界 63 个国家和地区、500 多所图书馆建立了业务联系，并努力以世界各国家图书馆为合作馆，逐步实现世界范围内的资源共享，让全世界的文献资源为我国科研、教育、生产等各类用户所用，提供优质、高效的服务。图书服务对象涵盖各类图书馆，电子文献服务则面向所有文献需求者[46]。

此外，国家图书馆为读者（持卡读者、网上实名认证读者、网上虚拟读者）提供了涵盖图书、期刊、报纸、论文、古籍、工具书、音视频、数值事实、征集资源等多种类型的数字资源在线服务。读者实名注册（网站注册）或成为读者卡读者（携带身份证到国家图书馆通过自助办证机办理读者卡）后，登录便可通过国家图书馆门户网站获得丰富的数字资源服务，不受 IP 地址限制，极大地方便了读者获取本馆没有订购的数字资源或不在机构 IP 地址范围内获取文献的困扰。下面是国家图书馆读者资源使用权限说明。

①资源库访问要求。读者门户系统为读者提供了种类丰富、数量巨大的中文、外文商业购买资源库服务以及国家图书馆馆藏的特色资源库服务，具体的访问要求如表 8.2 所示。

表 8.2　访问要求

资源库类型	是否登录	访问权限
国家图书馆自建特色资源库	未登录用户	可以检索、浏览书籍的详细信息
	登录用户	可以在线全文阅读和记录自己的读书笔记
商业购买资源库	未登录用户	不能访问资源库
	登录用户	可以访问资源库

②不同类型读者可以访问的资源库数量。目前通过读者门户系统，读者可以访问到的资源库数量如表8.3所示（截至2016年12月）。

表 8.3　资源库数量

读者类型	自建特色资源库数量（个）	商业购买资源库数量（个）
读者卡读者	47	130
网上实名认证读者	47	28
网上虚拟读者	47	2

注：以上资源数量会根据馆内政策不定期增加。

五、BALIS

BALIS 馆际互借中心是北京地区高等教育文献保障系统下设的原文传递、馆际互借、资源协调、培训四个中心之一，于 2007 年 11 月正式启动。该中心的建设目的是：在北京地区高校图工委的统一领导下，采用集中式门户平台和分布式服务相结合的方式，充分利用北京高校丰富的馆藏资源和便捷的网络环境，为北京地区高校读者提供馆际互借服务。该中心的主要职能为：协调各成员馆间的馆际互借服务，提供技术服务支持，负责各成员馆馆际互借量的统计和补贴的发放并与物流公司进行费用结算。BALIS 馆际互借系统由 BALIS 联合检索系统、用户服务系统和馆际互借事务管理系统组成，还包含集成了借国家图书馆图书和借上海图书馆的 CALIS 系统入口。

六、百链云图书馆

百链云图书馆拥有国内多家图书馆馆藏数据，并连接到图书馆的服务，类似 OCLC 的 WorldCat. org。目前，实现与 1 000 多家图书馆馆藏书目系统、电子书平台、中文期刊、外文期刊、外文数据库等系统集成，让任何进入百链云图书馆平台的读者都可以查询到本馆及其他多家图书馆的馆藏纸质和电子资源，有全文权限的提供全文地址，无全文权限的提供免费的文献传递。读者直接通过检索结果页面提交文献传递申请，并且可以实时查询申请处理情况，以在线文献传递方式通过所在成员馆获取文献传递网成员单位图书馆丰富的电子文献资源。

目前，百链拥有 4.5 亿条元数据（包括文献有：中外文图书、中外文期刊、中外文学位论文、会议论文、专利、标准等），并且数据数量还在不断增加中，百链可以通过 286 个中外文数据库中获取元数据，其中包括 370 万中文图书书目，收录中文期刊 7 800 万篇元数据，外文期刊 15 478 万篇元数据。利用百链不仅可以搜索到图书馆所有的文献资料，包括纸本和电子资源，例如中外文图书、期刊、论文、标准、专利和报纸等，还可以搜索到图书馆中没有的文献资料，通过文献传递平台获取全文。基于元数据检索的搜索引擎将实现检索速度快、检索结果无重复、格式统一等特点。

百链最大的功能在于它的文献传递功能，对于图书馆未购买的中外文期刊论文、学位论文、会议论文、标准、专利等电子资源，都可以通过百链进行原文传递，其传递满足率中文可达 98%，外文可达 96%。

在购买机构的 IP 地址范围内使用或个人认证账号登录或利用机构 VPN 使用，免费检索和请求文献传递，申请传递的文献发送到读者的邮箱。

在上述馆际互借与文献传递平台中，笔者偏好于通过百链云图书馆申请外文期刊/会议/学位论文资源，通过 CASHL 和 CALIS 获取原版外文图书或图书复印件，以及通过国家图书馆持卡用户登录使用国家图书馆订购和自建的丰富的数字资源。

第三节　图书馆未收藏资源的其他获取途径

（1）使用图书馆主页上的“资源发现系统”，图书馆未收藏的文献会有“邮箱传递”的提示，详见第三章和第四章。

（2）在超星移动图书馆中搜索到的文献如果不提供全文下载，可以点击其下方提供的“文献传递”按钮，填写邮箱后获取文献，详见第六章。

（3）在读秀学术搜索中外文文献资源服务平台进行图书的搜索、在线阅读（或阅读器离线阅读）以及文献传递，读秀每本图书单次咨询不超过 50 页，文献传递操作也比较简单方便，背后有 1 000 多所图书馆同时为读者服务，基本能保证用户及时获得所需文献，如图 8.1 显示了通过读秀传递的图书文献。

高校图书馆阅读推广案例精编 1-50页 内蒙古高等教育数字图书馆
发件人：**haiwai2** <haiwai2@dtcit.com>
时　间：2017年11月1日(星期三) 晚上6:50
收件人：haitianyu <haitianyu@imust.cn>

具体回复如下：
点击阅读：高校图书馆阅读推广案例精编 1-50页
注：该咨询的有效期为20天(到2017-11-21止)，20天内只允许打开20次。
提示：请使用HTML格式查看本邮件，如果以上内容无法看清楚时，请直接复制地址http://www.yuntushuguan.com/c=79a2424ac5f850240dde43a2e3193c71bef1365ff2f2b3061819fb2f3a46a3a328df69120df65df8d42e920db47146db0c022960e7958df89a9cd02aa48bf3f51b3a3beb2a2f4dd6cfb5ee58f393337dcf10ffd712342c484f878517da249843a1d81ce3b326b3d4ff34105f49f309c03a1bedf6cf3b8378bea44468fc32564519a877&u
直接访问您咨询的内容

图 8.1　读秀图书传递邮件

（4）使用百度学术和 Google 学术搜索，会提供一些免费的获取全文链接。

（5）在维普数据库中搜索到的文献如果不提供全文下载，可以点击其下方提供的"文献传递"按钮，填写邮箱后获取文献，如图 8.2 所示。

□11	题名：**略论SOLOMO环境下智慧图书馆功能** 在线阅读 下载全文
	作者：周拴龙 张楠
	出处：《现代情报》CSSCI 2016年第8期
	摘要：SOLOMO社交本地移动,正在成为图书馆服务的核心内容。本文介绍了SOLOMO的概念并阐述了智慧图书馆应用SO LOMO的必然性;探讨了智慧图书馆的基本功能以及其在SOLOMO环境下的功能拓展。

□12	题名：**基于关键词和功能结构图分析的智慧图书馆内涵浅析** 在线阅读 下载全文
	作者：彭玉兰[1] 黄黄[2]
	出处：《图书情报导刊》2017年第6期
	摘要：通过整理智慧图书馆研究文献的关键词和功能结构图,以词频分析和比较分析为主要方法,揭示智慧图书馆的内涵组成分和发展方向。研究表明:智慧图书馆以物联网、RFID、智慧服务、云计算、大数…

□13	题名：**基于智慧要素视角的智慧图书馆构建** 文献传递
	作者：王家玲
	出处：《图书馆工作与研究》CSSCI 2017年第7期
	基金：本文系安徽省社科规划项目"智慧图书馆模式下读者隐私保护对策研究"(项目编号AHSKQ2016D81)研究成果之一。
	摘要：本文从智慧要素角度论述了智慧图书馆的概念,提出智慧馆员、智慧管理、智慧服务和智慧形态是构建智慧图书馆必不可少的四要素,其中智慧馆员是核心,智慧管理是前提,智慧服务是目的,智…

图 8.2　维普文献传递

（6）在万方数据库中搜索到的文献如果没有提供全文下载，可以使用其提供的"国内外文献保障"服务提供的"请求原文传递"链接，填写邮箱后获取文献。

第四节　案例与功能体验

一、CASHL 功能体验

CASHL 馆际互借与文献传递请求过程演示如下所示。

（1）CASHL 直通车用户登录。首次使用，读者需登录 CASHL 主页，注册 CASHL 直通车用户，待馆员审核通过后，即可自主检索文献，进行馆际互借与文献传递申请。如图 8.3 所示。

图 8.3　开世览文主页

（2）文献检索。把所需要的文献（图书、期刊等）的题名（书名，Title）或题名/作者方式（例如检索图书，Introduction to Information Behaviour /Ford，Nigel）输入简单查询框中，如图 8.4 所示。

图 8.4　检索框输入要检索的内容

点击"查询"获得如图 8.5 所示检索结果。

图 8.5　检索结果页面

（3）点击第一本图书，正是需要检索和请求的文献。如果检索结果并没有在第一页显示，通过选择左侧语种、出版年、学科、作者等分面进一步缩小和精确检索结果。此外，通过资源发现栏，点击某一种文献类型，例如文章或图书以精确检索需要的文献资源类型。

进入图书详细内容页面，除了显示图书题名、出版社等信息外，还显示了可以通过哪些图书馆获取到该书，从馆藏地址这栏中可以看到国内这些图书馆有收藏这本图书，此示例中系统根据服务提供效率等方面优先默认选择了"中山大学图书馆"，读者也可以选择其他图书馆进行馆际互借申请，然后选择要整本书或者部分章节，此时需要登录才能进行下一步操作（上述检索过程无须登录也能操作）。

图 8.6　图书详细内容

（4）选择"我要借书"选项，显示如图 8.7 所示界面，服务方式默认是：借阅（返还），检查图书信息和用户信息特别是姓名、邮箱和电话一定要填写，电话是图书到馆后馆际互借部门联络取书的重要方式，借阅整本书时文献传递方式这一栏选择快递或平寄均可，信息确认完毕后点击"提交"按钮，弹出申请提交成功和事务号的提示，就完成了此次的图书互借。可以进入个人中心（我的账户）→"申请管理"，在申请列表中查看已申请的文献以及状态和进度，也可以"在已发出请求，尚未获得回答"这一状态下取消申请。借出馆馆员收到申请请求后查找图书以快递方式邮寄至借入馆，通知取书并缴纳费用，读者在规定期限归还至图书馆，由图书馆快递返回到借出馆。

（5）选择"我要部分章节"选项，显示以下界面，服务方式默认是：复制（非返还），在页码信息栏中填写好所需要章节的页码，部分章节的文献传递不能超过整本图书的 1/3，文献传递方式选择 E-mail，借出馆馆员将扫描所需的章节页码范围，以 PDF 方式提供给读者下载，

图 8.7　借书信息填写页面

无须返还。信息确认完毕后点击"提交"按钮，弹出申请提交成功和事务号的提示，就完成了此次的部分章节传递申请。可以进入个人中心（我的账户）→"申请管理"，在申请列表中查看已申请的文献以及状态和进度，也可以"在已发出请求，尚未获得回答"这一状态下取消申请。

外文期刊论文等文献传递获取方式同图书馆际互借操作方式类似，在此不再赘述。如图 8.9 显示了笔者通过 CASHL 申请的文献列表，总费用为 0 的申请项表示图书馆进行了补贴，无须笔者支付费用。

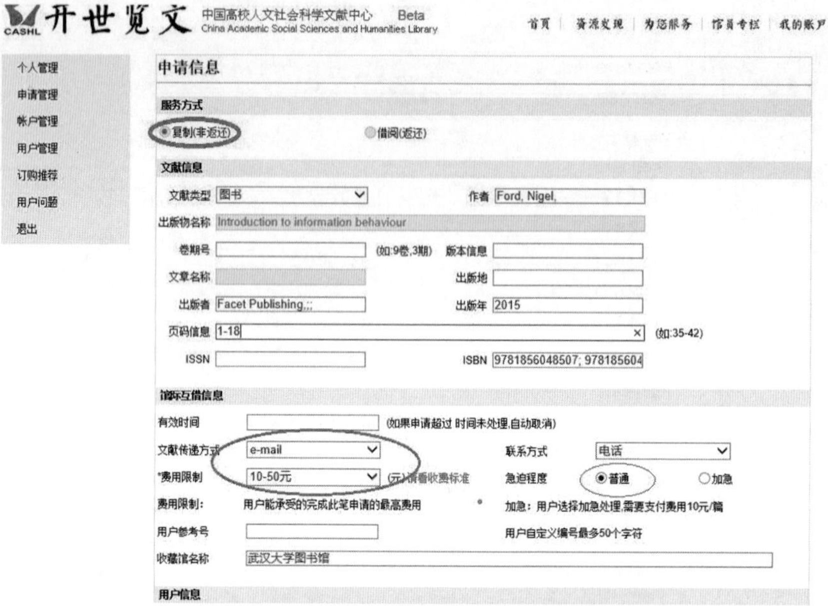

图 8.8 “我要部分章节”信息填写页面

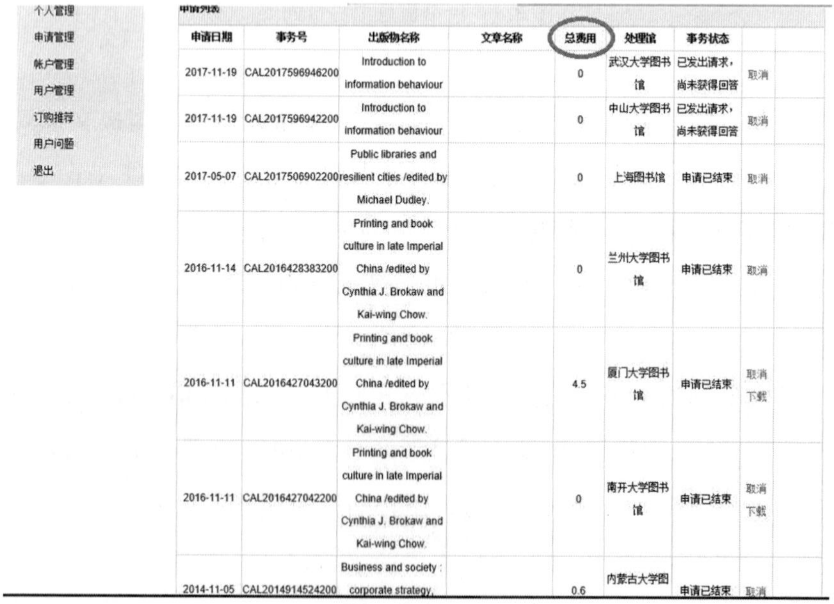

申请日期	事务号	出版物名称	文章名称	总费用	处理馆	事务状态	
2017-11-19	CAL2017596946200	Introduction to information behaviour		0	武汉大学图书馆	已发出请求,尚未获得回答	取消
2017-11-19	CAL2017596942200	Introduction to information behaviour		0	中山大学图书馆	已发出请求,尚未获得回答	取消
2017-05-07	CAL2017506902200	Public libraries and resilient cities /edited by Michael Dudley.		0	上海图书馆	申请已结束	取消
2016-11-14	CAL2016428383200	Printing and book culture in late Imperial China /edited by Cynthia J. Brokaw and Kai-wing Chow.		0	兰州大学图书馆	申请已结束	取消
2016-11-11	CAL2016427043200	Printing and book culture in late Imperial China /edited by Cynthia J. Brokaw and Kai-wing Chow.		4.5	厦门大学图书馆	申请已结束	取消 下载
2016-11-11	CAL2016427042200	Printing and book culture in late Imperial China /edited by Cynthia J. Brokaw and Kai-wing Chow.		0	南开大学图书馆	申请已结束	取消 下载
2014-11-05	CAL2014914524200	Business and society : corporate strategy,		0.6	内蒙古大学图	申请已结束	取消

图 8.9 文献申请列表

二、百链云图书馆功能体验

在所购买机构的 IP 地址范围内（或登录机构的 VPN 或利用在校注册认证的百链漫游账号登录），在浏览器中输入网址进入百链中外文学术搜索页面（如图 8.10 所示），可以直接进行检索。以期刊论文检索为例，进行百链云图书馆文献传递整个过程的演示。

图 8.10　百链云图书馆主页

1. 输入检索词

主页默认的是期刊论文检索，在检索框中输入要检索的论文标题，选择"标题"检索字段或系统默认的"全部字段"，也可以通过"作者""关键词"等检索或选择"高级检索"获取更精确的检索结果。如果检索的是中文文献，则点击"中文搜索"按钮，否则点击"外文搜索"。笔者输入正需要获取的外文文献，题名为"Introducing the Next Generation of Library Management Systems"，点击"外文搜索"，进入如图 8.11 所示的检索结果页面。

图 8.11　检索结果页面

2. 浏览搜索结果

搜索结果页面中，读者可以通过三种方式来缩小搜索范围：①通过左侧的"类型、年代、学科、来源"等分面选择缩小检索结果；②通过上方的"在结果中搜索"，例如以"作者"检索点进行二次检索；③如果输入的是英文题名或关键词，以" "（英文状态下双引号）检索更为准确（如图 8.12 所示）。

从图 8.11 和图 8.12 可以看到，该篇期刊文献可以通过ScienceDirect（Elsevier SD）和 Ebsco（asp/bsp）数据库来获取或了解摘要信息，点击这两个链接分别转到文献下载页面或文摘信息页面，如图8.13 和图 8.14 所示。如果所在机构购买了 Elsevier SD 数据库的这篇期刊文章，则可以下载全文，相当于百链云图书馆给出了全文下载链接。

如果所在机构没有订购相应的学科或这一期刊，无法下载的情况下，点击"邮箱接收全文"进行免费文献传递获取，如图 8.15 所示。

图 8.12　加双引号后的检索结果

图 8.13　文献全文下载页面（Sciencedirect 数据库出版该刊）

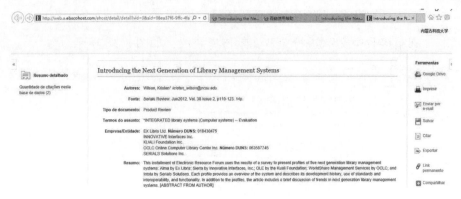

图 8.14　文献摘要信息页面（Ebscohost 数据库）

全国图书馆参考咨询服务平台

✎ **您需要的全文将发送到您填写的邮箱中，请注意查收 。**

咨询标题：　Introducing the Next Generation of Library Management Systems
　　　　　　详细信息 ⟩⟩

电子邮箱：　library2010@imust.cn

　　　　　　请填写有效的邮箱地址，如填写有误，您将无法收到所申请的内容！**建议使用QQ邮箱！**

验证码：　　txcka　　　　　 THCKA　　　　看不清楚？换一张

　　　　　　不区分大小写

　　　　　　确认提交

图 8.15　文献传递页面

　　原文传递会在 72 小时内给予答复，一般 2～10 小时便收到以附件
或链接形式的邮件回复。文献传递整个过程操作简单方便，这背后有
1 000 多所图书馆同时为读者服务，基本能保证用户及时获得所需文献。

如图 8.16 所示，1 小时后收到请求传递的文献，有时请求的文献不易查找到，也会收到类似的邮件，如图 8.17 所示。

Introducing the Next Generation of Library Management Systems ☆ ▢

发件人：**aizhen** <aizhen@dtcit.com>

时　间：2017年11月20日(星期一) 晚上9:18

收件人：library2010 <library2010@imust.cn>

附　件：1 个（⊿Introducing_the_Next_Generation_of_Library_Management_Systems1.pdf）

您需要的资料已找到，请查收

🔗 **附件**(1 个)

普通附件（已通过电脑管家云查杀引擎扫描）🔍附件预览

⊿ Introducing_the_Next_Generation_of_Library_Management_Systems1.pdf (1.40M)

下载　打开　预览

图 8.16　邮箱收到的文献

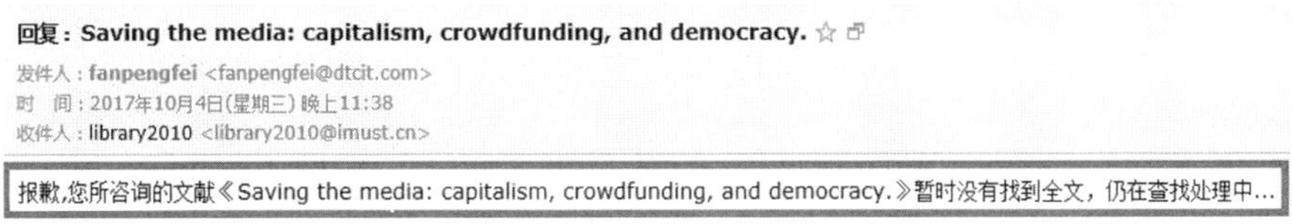

回复：Saving the media: capitalism, crowdfunding, and democracy. ☆ ▢

发件人：**fanpengfei** <fanpengfei@dtcit.com>

时　间：2017年10月4日(星期三) 晚上11:38

收件人：library2010 <library2010@imust.cn>

报歉,您所咨询的文献《Saving the media: capitalism, crowdfunding, and democracy.》暂时没有找到全文,仍在查找处理中...

图 8.17　请求的文献仍在查找中

思考题

请深入了解上述平台，学习通过馆际互借和文献传递获取文献的途径，选择任意一个或几个平台进行馆际互借与文献传递体验的实践活动。

第九章

知识服务与数字人文等相关软件与工具

本章主要介绍相关软件与工具在图书情报工作中的应用，旨在培养应用工具开展知识服务、学科服务、科研评价、数字人文、数据挖掘的素养和能力，掌握工具使用及应用的基本思路和方法。

第一节　知识服务概述

随着"双一流"高校建设的大力推进，大数据、数据挖掘、人工智能等信息技术的发展，对图书馆学科服务、参考咨询服务和信息服务以及学科馆员提出更高的要求，为高校用户提供深层次、专业化、个性化、智慧化、嵌入式的信息服务，促进知识发现、知识获取与知识创新，提供贯穿整个学习周期和研究周期的知识服务是图书馆传统信息服务的发展趋势。张晓林认为知识服务是以信息知识的搜寻、组织、分析、重组的能力为基础，根据用户的问题和环境，融入用户解决问题的过程，提出能够有效支持知识应用和知识创新的服务[47]。戚建林则从广义和狭义两个方面给出了定义：从广义上讲，知识服务是指一切为用户提供所需知识的服务；从狭义上讲，知识服务应是指针对用户专业需求，以解决问题为导向，对用户提出的问题进行相关知识收集、筛选、对比分析，最终支持用户应用的一种较深层次的智力服务[48]。金胜勇和刘长迪则在图书馆知识服务内涵的探讨中指出知识服务应以用户需求为导向，调整资源采集组织和资源提供的方式，满足用户不断变化的信息需求。现阶段的知识服务主要有学科资源建设与服务，建设学科指南、学科博客、学科资源整合查询平台、机构知识库等，尤其是面向学校重点学科开展学科服务，同时在研究人员的科学研究过程中提供知识服务，在课题申请阶段，提供基金信息、文献调研、科技查新，通过文献调研推荐潜在合作伙伴，在课题研究阶段则提供信息检索、研究咨询、信息跟踪、智能推荐、研究趋势与热点分析，在成果产出阶段提供投稿帮助、出版物选择、文献管理等方面的服务[49]。

馆员的专业素质和知识服务意识是开展知识服务的重要保障，具有运用知识服务相关技术与软件工具提供深层次的数据挖掘和情报分析服务是非常重要的，例如用户画像服务、科研评价服务、国内外大学排名、学科发展趋势对比分析、学科建设与评估、国际学科热点与发展趋势跟踪、论文与专利的统计分析、学科领域权威学者和最新学术成果的分析与推送、人才引进评价、信息素养教育嵌入课程等，为教师教学与科研服务，为校领导和各部门提供深层次的数据挖掘和情报分析服务，成为图书馆员的核心能力之一，尤其在可视化技术、文本挖掘工具、文献计量分析、统计等软件的发展以及大数据技术、人工智能、互联网+等在图书情报工作中的应用，知识服务将成为高校图书馆未来最具潜力的一种服务模式和总体方向，掌握知识服务相关技术是必不可少的。

第二节　数字人文概述

"数字人文"起源于"人文计算"。一般认为，"数字人文"最早

可视化分析、机器学习技术、数据库、知识组织、关联数据和虚拟现实/增强现实技术等。

第三节　相关软件和工具在图书情报工作中的应用

下面将主要介绍文献计量、知识图谱、可视化分析、文本挖掘、社会网络分析、专利分析、统计、文献管理、教学培训等图书馆情报工作中常用的软件工具，诸如 Gephi、Bibexcel、Bicomb、CiteSpace、HistCite、NetDraw、Pajek、SATI、SPSS、Ucinet、VOSviewer、Python、Innography、Prezi 和 MindManager 等。

一、开源软件 Gephi 在社会网络分析中的应用

社会网络分析方法是根据数学方法、图论等发展起来的定量分析方法。社会网络分析的研究已越来越受到管理学及图书馆情报领域的关注，目前常见的社会网络分析工具包括 Ucinet、NetMiner、Pajek、Gephi 等，这些工具各有优势，功能与操作有相似互通之处但也不尽相同。其中，在图书馆情报领域以 Ucinet 和 Gephi 的应用相对适用性较强。Gephi 是一款网络分析领域的数据可视化处理软件，具有对大数据的可视化、网站数据的抓取和呈现、社会网络分析等功能，开发者对它寄予的希望是成为"数据可视化领域的 Photoshop"。Gephi 用于处理任何能够表示为节点和边的网络数据，比如社会、社交关系、信息节点、生物、生态、物理等网络的数据。这些网络数据在 Gephi 中会以符合图论对于图定义的形式表示。Gephi 把网络数据转换为图以后，就可以用图论的术语、规范对图进行基本的描述，比如节点与边的数量、有向图或无向图、边有权重或无权重、是否多图等；也可以进行基本的计算，比

如节点的度、图的平均度、图密度、图的直径与半径、图的连通度、两点间的最短路径、图的平均路径长度等。在这些基本定义的基础上，就能够用网络科学的方法对其进行分析与处理：一种是对图进行网络特性的统计分析，包括节点的介数中心度、亲密中心度、离心度、PageRank、特征向量中心度、节点与网络的平均聚类系数，以及图的连通分量及模块化划分；另一种是通过不同方式的布局，对图进行可视化处理，然后对图进行解读与分析；还有一种是通过对生长网络的动态模拟进行解读与分析。应用 Gephi 进行数据可视化的操作方法详见刘勇和杜一编撰的《网络数据可视化与分析利器：Gephi 中文教程》和网络资源（如"Gephi 中文教程"）以及操作手册等。

二、UCINET 在可视化中的应用

UCINET 是一种功能强大的社会网络分析软件，全名为 University of California at Irvine NETwork。参见刘军编著的《整体网分析（第二版）——UCINET 软件实用指南》一书。Ucinet 和 Gephi 在中心性分析、聚类分析、对其他社会分析软件工具（如 Netdraw、Mage、Pajek 画图程序）的兼容性等方面的比较可以参照邓君等《社会网络分析工具 Ucinet 和 Gephi 的比较研究》一文。

三、Bibexcel/VOSviewer/SATI 在文献分析中的应用

文献分析中作者合著共现网络分析、关键词共现分析方法、引文共现分析较为常用。为从大量文献数据中发现它们之间的复杂关系提供了方便；有助于科研新手快速了解某一领域的研究现状和趋势，为其科研选题提供快速通道；也有利于知识计量学研究的方法创新；还有利于情报机构提供精细化的情报信息服务。展示了科学研究的全景及演化进

程，发现科学研究的前沿和科学研究的重点与热点等。其中高频关键词共现分析来源于文献计量学的引文耦合与共被引方法，即当两个能够在同一研究学科领域研究主题或研究方向的关键词在同一篇文献中出现时，表明这两个词之间具有共性，即一定程度上的内在联系。同时，如果在多篇文章中同时出现的频次越多，说明两者之间的内在联系越密切、距离越近。通过关键词共现网络分析可以分析归纳出学科的研究热点、结构与范式。

某个研究领域的 3 个问题：哪些作者比较厉害？哪些文献比较重要？哪些主题更值得研究？这几个问题，可以采用不同的文献计量工具来解答。有的很容易完成，有的大概需要一些基础知识和技能。国外关于文献计量分析的应用软件已经比较成熟，如美国费城的德雷克塞尔大学信息科学与技术学院的陈超美教授开发的基于 JAVA 平台 citespace 系列应用软件；印第安纳州大学开发的大型网络分析、建模和可视化的工具包 Ne twork Workbench Tool；大型社会网络分析软件 pajek；瑞典科学家佩尔松（person）开发的文献计量学软件 Bibexcel；美国斯坦福大学开发的社会科学统计软件包 SPSS；荷兰雷登大学 CWTS 开发的 Vosviewer 等。这些软件相对于处理英文文献信息共现分析较为擅长，处理中文数据库文献信息共现则相对薄弱。即处理 Web of Scienc 数据比较好，而对于从中文数据库，诸如知网、万方和中国社会科学引文索引 cssci 数据库下载的中文文献数据，它们还不能直接进行处理。例如，Bibexcel，用于帮助用户分析文献数据或者是文本类型格式的数据，实现著作、关键词、引文共现分析等。这款软件对于 Web of Knowledge 的数据源支持比较好，而对于国内的数据源支持则相对较差，cssci 的数据源需要通过前期编写程序预处理数据。实现了共现矩阵后，再将其导入 Ucinet、Netdraw 等分析软件，绘制各类知识单元的共现关系图谱。

浙江大学信息资源管理系刘启元开发的一款名为文献题录信息统计分析工具（Statistical Analysis Toolkit for Informetrics，SATI）。这款软件不仅拥有分析 Web of Knowledge 题录数据功能的小巧精准工具，而且还能有效地处理国内 CNKI、万方以及 cssci 数据库的数据，其功能模块主要分为三大部分：①字段信息抽取：支持 Web of Knowledge 导出的 HTML 格式、EndNote 格式和 NoteExpress 格式三种格式题录数据，抽取题录中指定的字段信息并可选择存储为文本文档（包括：自定义字段、关键词、主题词、作者、引文、机构、发表年、标题、期刊名、文献类型、摘要、URL 等字段）；②条目频次统计：根据抽取到的字段信息对条目内元素的频次进行统计和降序排列（包括：自定义标识、关键词、主题词、作者、引文、机构、发表年、标题、期刊、文献类型等）；③共现矩阵构建：根据设定的共现矩阵行列数，将频次降序排列表中的相应数量条目元素作为矩阵知识单元进行运算，以构建知识单元共现矩阵并能够生成 Excel 格式文档，进而可以基于此矩阵导入相关软件（如 Ucinet、Netdraw、Pajek 等可视化分析软件）生成共现网络知识图谱。利用 SATI 软件，生成作者共现矩阵，此软件可以抽取题录信息中的多项指标，如关键词、作者、机构、文献来源、年份等，然后通过统计频次，生成共现矩阵（二值矩阵，相似矩阵，相异矩阵）、分布矩阵（词条频次分布矩阵，词条频率分布矩阵）、文档词条矩阵（多值矩阵，二值矩阵），保存为 Excel 文件，便可直接导入 Ucinet 和 Netdraw 进行定量与可视化分析以及知识图谱绘制。知识图谱应用数学、图形学、信息可视化技术等理论和方法，与传统科学（文献）计量学的共词、引文分析方法相结合，用可视化图谱形象地展示学科的结构与发展。绘制知识图谱的工具很多，其中 VOSviewer 是一款免费软件，被广泛应用于各类"共现"分析，利用 VOSviewer 来绘制学科研究知识图谱。VOSviewer 在图谱展现，尤其在聚类技术、学科研究热点主题分析等方面有其独特优势。此外，还有 Net Workbench Tool（NWB Tool）是一款面向大规模网络数据分析、建模和可视化的工具集。NWBTool 面向网络研究相关的各个领域，如生物学、社会科学、物理学等。

上述软件算法、功能、分析阈值设定不同，针对分析内容和分析要求合理选择可视化软件。

四、文本挖掘工具

文本挖掘隶属于数据挖掘这一交叉学科的一个具体研究领域，它的主要任务是从海量文本中发现潜在规律和趋势。文本类数据源由新闻文章、研究论文、书籍、期刊、报告、会议文献、技术档案、技术标准、产品样本、专利说明书、Web 页面等半结构化或者高度非结构化的数据构成，含有较多机器所难于理解的自然语言，这使得文本挖掘工具与传统的以结构化数据为对象的数据挖掘工具有很大不同[57]。近年来，国内外文本挖掘技术发展较快，许多技术已经进入商业化阶段。各大数据挖掘工具的提供商也都推出了自己的文本挖掘工具。大部分商业文本挖掘工具都对多语言、多格式的数据提供了良好的支持，且数据的前期处理功能都比较完善，支持结构化、半结构化和完全非结构化数据的分析处理。开源文本挖掘工具一般会有自己固有的格式要求，国外开源文本挖掘工具对中文的支持欠佳，而且大部分开源工具仍然停留在只支持结构化和半结构化数据的阶段。商业文本挖掘工具的分类、回归、聚类和关联规则算法普遍都较开源文本挖掘工具齐全，包含了目前主流的算法，只是每个工具在算法的具体实现上存在差异。同时，前者在处理庞大的数据量时依旧能够保持较高的速度和精度，后者则显得有些望尘莫及。张雯雯和许鑫对目前市面上较为主流的 10 款商业文本挖掘工具

（如 IntelligentMiner For Text、Text Miner、Text Mining、拓尔思 TRS 文本挖掘工具等）和 10 款较具普适性的主流开源文本挖掘工具（如 Weka、Lingpipe）为对象，针对其不同点进行了分析比较[58]。

文本挖掘工具的功能有：①文本预处理。文本预处理是文本挖掘过程中至关重要的一步，它直接影响到分类、聚类、关联规则等后期工作的效果。其中文本分词、去停用词、词频分析、情感分析、文本特征提取是较为常规的操作，也是文本预处理最核心的内容。②文本分类和回归。文本分类是在经过预处理的数据上，选择分类器进行训练、评价和反馈结果的过程。常见的分类算法有 TF-IDF 分类、Naive Bayes 分类、Knn 分类、决策树分类、神经网络分类和支持向量分类机（SVM）。分类器不存在优劣，每一组数据都有其适合的分类器，所以在训练分类模型时，需要尝试不同的分类器和不同的参数，以实现模型优化。回归分析用于确定两种或两种以上变数间相互依赖的定量关系，运用十分广泛。一般会将回归分析纳入文本分类的范畴。③文本聚类。文本聚类包括基于划分的聚类、基于层次的聚类、基于密度的聚类、基于网格和基于模型的聚类。基于划分的聚类主要包括 K-means、X-means、K-medoid 和 ISODATA，其中 X-means 是 K-means 算法的改进。基于层次的聚类主要包括 Birch Clusterer、Cure Clusterer、Single Link Clusterer、Complete Link Clusterer 和 AverageLink Clusterer。基于密度的聚类主要包括 DBScan 和 Optics。基于网格的聚类主要包括 Sting Clusterer 和 Clique Clusterer，Cobweb 属于基于模型的聚类。④关联规则。关联规则在文本挖掘领域的发展还不够成熟，关联规则的算法有 Apriori、Tertius、FP-Growth 和 FilteredAssociator[58]。

五、CiteSpace 的应用

美国德雷塞尔大学信息科学与技术学院终身教授、大连理工大学长江学者讲座教授陈超美博士开发的 CiteSpace 软件自 2003 年问世后，刘则渊教授最早予以关注，并于 2005 年引入大连理工大学 WISE 实验室。其软件英文名称 2006 年开始出现在国内学者的文献中。2007 年，侯剑华发表了国内第一篇以 CiteSpace 为分析工具所做的战略管理学论文，并首次将"CiteSpace"列入关键词。由于刘盛博博士开发了 cssci、CNKI 数据转换器，使 CiteSpace 实现了"国际化+本土化"，加速了该软件国内应用的传播进程，该软件在国内外得到了广泛的应用和关注。

CiteSpace 可视化文献分析软件，能够以数据库中检索出的文献为基础，以直观的可视化形式显示一个学科或知识域在一定时期发展的趋势与动向，形成若干研究前沿领域的演进历程，运用 CiteSpace 构建学科知识图谱、分析学科热点和趋势、分析文献共被引网络、输出到 pajek 和 gephi 的网络文件格式等，对科研人员、研究生开题等可以提供有力的帮助。

对于广大 CiteSpace 的学习者和使用者来说，怎么用 CiteSpace 来绘图，做出来的图谱怎么去用，怎么对这些图谱进行解读，是应用 CiteSpace 进行论文或报告写作的时候最常遇到的三个问题。CiteSpace 的开发者陈超美教授的两篇教科书式的完美范文，向我们展示了 CiteSpace 工具怎么用，CiteSpace 论文怎么写[59-61]。刘则渊、陈悦、胡志刚、王贤文以及大连理工大学科学学与科技管理研究所暨 WISE 实验室侯海燕、大连大学科学技术与社会研究中心侯剑华、首都经济贸易大学李杰和武汉大学赵蓉英、邱均平等均是 CiteSpace 国内应用的重要力量。CiteSpace 与 HistCite、VOSviewer、Ucinet、Pajek 等其他可视化软件配合使用加强，为推动科学研究提供了强大支撑[62]。

六、统计软件 SPSS 的应用

在当今的信息化时代背景下，数据无处不在。这些数据从何而来，具有什么特点，隐含着什么内在规律等是我们可能面临的问题。要回答这些问题，就必须要学会使用某一种统计软件。统计软件，如 Excel、SPSS、Eviews、Stata、R 等，来收集、整理、加工和分析数据，解决在经济管理中遇到的实际问题。

Statistical Product and Service Solutions，SPSS 软件为 IBM 公司推出的一系列用于统计学分析运算、数据挖掘、预测分析和决策支持任务的软件产品及相关服务的总称，有 Windows 和 macOS X 等版本。2009 年 7 月 28 日，IBM 公司宣布将用 12 亿美元现金收购统计分析软件提供商 SPSS 公司，软件更名为 IBM SPSS Statistics，目前 SPSS 的最新版本为 25。SPSS 是目前在大型企业、各类院校以及科研机构中较为流行的一种统计软件，支持 Windows 8/10、macOS X、Linux 及 UNIX 操作系统。SPSS 软件最突出的特点是界面友好、功能强大、易学、易用，包含了几乎全部的统计分析方法，其基本功能包括数据管理、统计分析、图表分析、输出管理等。SPSS 统计分析过程包括描述性统计、均值比较、一般线性模型、相关分析、回归分析、对数线性模型、聚类分析、数据简化、生存分析、时间序列分析、多重响应等几大类，每类中又分好几个统计过程，比如回归分析中又分线性回归分析、曲线估计、Logistic 回归、Probit 回归、加权估计、两阶段最小二乘法、非线性回归等多个统计过程，而且每个过程中又允许用户选择不同的方法及参数。SPSS 也有专门的绘图系统，可以根据数据绘制各种图形。SPSS 软件的优势是运用多元统计分析方法进行数据分析。在图书情报学领域，主要用来对问卷调查（量表）数据的分析、文献计量分析等实证研究中。

七、Altmetric 在文献计量学的应用

Altmetric 是 Digital Science 公司推出的一个新兴学术评价指标，追踪研究成果在主流新闻网站、Facebook 等社交媒体、Wikipedia、Mendeley 等平台的受关注和被讨论情况，根据不同媒体所占的权重计算得分。不同于传统的评价指标反映研究成果在学术平台的影响力，Altmetric score（指标分数）反映学术研究在公共平台的影响力，并且动态持续更新，反馈及时。

Altmetric 的服务对象：①出版商，Altmetric 帮助作者和编辑了解其工作成果在网络上如何被分享和讨论。②学术机构，Altmetric 帮助管理部门和职员充分利用 Altmetric 的数据。③科研工作者，Altmetric 可以追踪和显示其工作是否被资助者知晓以及影响力。④资助者，Altmetric 可以帮助资助者掌握被资助者工作在网上的热议程度，并形成报告。⑤研发人员，Altmetric 可以运用最新的商业智能技术支持其商业策略的制定。

Altmetric score 提供的信息：①学术研究在各个平台被提及（收藏）的次数和被讨论的内容，不同颜色代表不同平台。②读者的地理分布、学科分布等统计学信息。③读者可一键设置更新提醒。通过 Altmetric 可实时查看研究成果在何时、何地、何平台被谁讨论及讨论内容。

八、ESI/JCR/INCITES 在学科评价的应用

基本科学指标数据库（Essential Science Indicators，ESI）是由世界著名的学术信息出版机构美国科技信息所（ISI）于 2001 年推出的一项文献评价分析工具，是基于汤森路透 Web of Science（SCI-E/SSCI）所

收录的全球 11 000 多种学术期刊的 1 000 多万条文献记录而建立的计量分析数据库。ESI 根据学科发展的特点设置了工程学、地球科学、化学、材料科学等 22 个学科，通过论文数、论文被引频次、论文篇均被引频次、高被引论文（High Cited Papers，近 10 年内发表，且被引次数排在相应学科领域全球前 1% 的论文）、热点论文（Hot Papers，最近两年内发表且被引频次在最近两个月内达到各学科领域的前 0.1% 的论文，与同领域和同时期出版的其他论文相比，其主要特点是在出版后很快就得到较高引用）和前沿论文等 6 大指标，从各个角度对国家/地区科研水平、机构学术声誉、科学家学术影响力以及期刊学术水平进行全面衡量。ESI 按被引频次的高低确定出衡量研究绩效的阈值，分别排出居世界前 1% 的研究机构、科学家、研究论文，居世界前 50% 的国家/地区和居前 0.1% 的热点论文，已成为当今世界范围内普遍用来评价高校、学术机构、国家/地区国际学术水平及影响力的重要评价指标工具之一。国内众多图书馆基于 ESI、InCites、SCI-E、SSCI、JCR 等数据库的动态数据，为学校和相关学院提供 ESI、InCites 数据及各种分析报告。部分省市对优势学科进入 ESI 提出了各自的建设目标，如江苏省提出到 2020 年 100 个左右学科进入 ESI 全球前 1%；上海市提出到 2020 年 10 个以上学科进入 ESI 全球前 1%；山东省提出 50 个学科进入 ESI 全球前 1%。ESI 数据库以其全面的统计结果、较快的更新速度、科学的计量方法已经成为国际学科与科研评价的标杆数据库。

同时，为了更好地让各科研机构了解各自进入 ESI 的学科在不同时期的表现及其他科研机构同学科发展情况，可通过其姊妹数据库 InCites 进行进一步解读（InCites 数据库是 ESI 评价的补充）。InCites 数据库拥有更细化的学科评价指标及相应数据，如按地区、按人员、按机构、按期刊、按资助等，但其数据更新时间与 ESI 数据库不同步，且数据源要大于 ESI。InCites 是汤森路透集团在汇集和分析 Web of Science 核心合集（SCIE、SSCI、AHCI）权威引文数据的基础上建立起来的科研评价工具。利用 InCites 数据库可以定位重点学科/优势学科，发展潜力学科，优化学科布局；跟踪和评估机构的科研绩效；与同行机构开展对标分析，明确机构全球定位；分析本机构的科研合作开展情况，识别高效的合作伙伴；挖掘机构内高影响力和高潜力的研究人员，吸引外部优秀人才。InCites 与 Web of Science 核心合集的数据相互连接，采用更加清晰、准确的可视化方式来呈现数据，用户可以更加轻松地创建、存储并导出报告。

Journal Citation Reports on the Web, JCR Web 是美国汤姆森路透（Thomson Reuters）公司出版的网络版期刊引用报告，由 ISI Web of Knowledge 平台提供支持，并构成 ISI Web of Knowledge 的重要组成部分。它是综合性、多学科的期刊分析与评价性质的工具，它客观地统计 Web of Science（SCI、SSCI）收录期刊所刊载论文的数量、论文参考文献的数量、论文的被引用次数等原始数据，再应用文献计量学的原理，计算出各种期刊的影响因子（Impact Factor）、分区（Q1-Q4）立即影响指数、被引半衰期等反映期刊质量和影响的定量指标。因此，JCR Web 能帮助教师、研究人员、图书馆工作人员和出版机构找到某一学科领域学术影响最大的期刊；确定哪些期刊是被学者们经常利用和引用的，哪些期刊是热门的；指导研究人员有选择地浏览学术期刊，并结合实际有选择地投稿；还可以为图书馆的选刊工作提供依据。

JCR Web 囊括两个部分：

（1）JCR Science Edition（SCI），自然科学版，涵盖 Science Citation Index Expanded 中所收录的科学技术领域 5 600 多种期刊的引文分析信息。

（2）JCR Social Science Edition（SSCI），社会科学版，涵盖 Social Sciences Citation Index 中所收录的社会科学领域 1 700 多种期刊的引文分析信息。

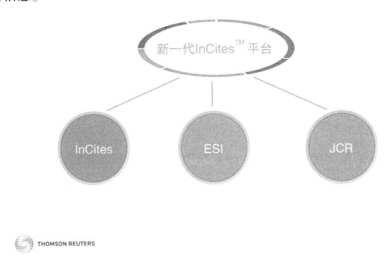

图 9.1　汤森路透（现科睿唯安）InCites™平台

东华大学图书馆董政娥等探讨采用 ESI（某机构入围世界前 1% 学科、Top paers、Highly cited papers）、InCites（引文特征、被引特征）和 JCR（期刊分区、影响因子）数据库联合提供外文文献馆藏建设数据支持方法，为调整期刊的馆藏结构提供充分的理论依据，优化外文期刊馆藏建设，促进学科发展[63]。

此外，Elsevie 出版商的文摘和引文数据库 Scopus 以及 Web of Science 数据库的引文检索分析与科学评价功能均比较强大。

九、Python 在数据挖掘与分析中的应用

Python 是一个高层次的结合了解释性、编译性、互动性和面向对象的脚本语言。Python 的设计具有很强的可读性，相比其他语言经常使用

英文关键字，其他语言的一些标点符号，它具有比其他语言更有特色语法结构。Python 是一种解释型语言，这意味着开发过程中没有了编译这个环节，类似于 PHP 和 Perl 语言。Python 是交互式语言，可以在一个 Python 提示符，直接互动执行程序。Python 是面向对象语言，支持面向对象的风格或代码封装在对象的编程技术。Python 对初级程序员而言，是一种伟大的语言，它支持广泛的应用程序开发，从简单的文字处理到 WWW 浏览器再到游戏。

Python 是由吉多·范·罗苏姆（Guido van Rossum）在 20 世纪 80 年代末和 90 年代初，在荷兰国家数学和计算机科学研究所设计出来的。Python 本身也是由诸多其他语言发展而来的，包括 ABC、Modula - 3、C、C++、Algol - 68、SmallTalk、Unix shell 和其他的脚本语言等。像 Perl 语言一样，Python 源代码同样遵循 GPL（GNU General Public License）协议。现在 Python 是由一个核心开发团队在维护，Guido van Rossum 仍然占据着至关重要的作用，指导其进展。

十、文献管理软件

科研工作者做科学研究，包括本科生和研究生撰写学位论文和作业等都需要借鉴和参考他人的研究成果，并查阅大量的文献资料，这样个人收集并保存的文献会越来越多，完全靠记忆来管理这些参考文献越来越不现实。不同数据库收录的文献又存在大量的重复性，从而导致人工去重的工作量逐渐增大。同时在科研文章的撰写过程中，参考文献的插入和整理也是一项非常繁重的工作，牵一发而动全身。因此，如何对阅读和参考的文献进行有效的管理和利用，这将直接影响科研人员的工作效率。而文献管理软件作为一种用于帮助研究者获取、组织、管理与研究相关的文献资料，建立个人文献数据库，并进行论文写作的工具。文献管理软件集文献检索、下载、管理、笔记、写作、投稿于一体，为学习和研究提供全过程支持，包括文献管理、中外数据库文献检索、批量下载和导入（支持 Pubmed、ScienceDirect、Springer 等中外文数据库检索），写作与投稿（根据不同期刊要求，自动形成规范的文中引文标记和文后参考文献列表）等。具体可以划分为 4 个层次：核心功能是建立、储存、管理、输出参考文献信息；基本功能是集成搜索、即插即引、批量导入和格式输出；扩展功能为网络共享、写作模板、用户制定、多对象管理等；附加功能则为文献分析、知识管理以及资源整合。文献管理软件使得科研人员能够高效、准确、便捷地利用海量的文献资料，包括参考文献的引用。

目前，市面上主要的文献管理软件有 EndNote、Mendeley、Zotero、Refwork、CNKI E-Study、Noteexpress、Notefirst、医学文献王等。这些文献管理软件从功能上各有特色，软件基本情况和使用方法详见官网、图书馆网站、学术论文和论坛帖子。

十一、Prezi 和 MindManager 等软件在教学和讲座培训中的应用

图书馆开展的文献检索、信息素养等课程以及读者培训、讲座活动中一般以微软或金山 Powerpoint 软件来制作演示文稿。随着各种多媒体软件、微视频、慕课、翻转课堂等在改变着教育的教学方式和学生的学习方式，多种新兴的演示播放软件诸如 Prezi 和 Focusky，以及知识思维导图工具诸如 MindManager、XMind、iMindMap、MindMapper、Mind-Master、Edraw、FreeMind 和百度脑图等，提供了智能布局、多样性的幻灯片展示模式、精美的设计元素，实现非线性演示播放方式，弥补了 PowerPoint 单线条播放时序演示的局限性。采用系统性与结构化一体化的演示方式，使各个知识关联起来，帮助参与者建立知识思维导图，推

动信息技术在教学与培训中的应用。上述软件的功能、特点及其使用方法等详见官网、学术论文和论坛帖子等。馆员在教学与培训活动中应用这些软件，并且把上述列举的一些工具作为信息素养培训课程内容，以推动这些软件在图书馆教学与培训中的广泛应用，提升教学与培训活动的兴趣和效果，并且进一步发挥教育职能让更多读者知晓并学会使用一种或某几种实用性的思维工具。

其他像 DSpace 机构库开源软件、LibGuides 学科服务平台、Evernote 印象笔记等常用软件工具就不一一赘述了，感兴趣的读者可以自行了解学习。

思考题

请深入了解上述软件工具，尝试在知识服务、学科服务、科研评价、数字人文、数据挖掘等方面应用其中一种或几种工具。

第十章
虚拟现实和增强现实技术在图书馆的应用

虚拟现实（Virtual Reality，VR）和增强现实技术（Augmented Reality，AR）作为新型技术近年来受到越来越多的关注。本章对虚拟现实技术和增强现实技术进行介绍，并根据其技术特点，结合图书馆资源建设和读者服务业务的具体情况以及其他学者的相关研究成果，分析了这两种技术在图书馆中的应用和发展前景与方向，诸如古籍阅读、立体展示馆藏资源、图书查找与定位、少儿阅读、虚拟教学等。

第一节　虚拟现实技术和增强现实技术概述

一、虚拟现实技术概述

虚拟现实也称虚拟环境、人造现实等。虚拟现实技术一般包括仿真、交互、人造、沉浸、认知、远程呈现和网络通信等。虚拟现实技术被视作"下一代计算平台"，其目的是创造一个虚拟环境，让用户能够沉浸其中并与虚拟世界发生交互，通过特殊的设备进行环境仿真，尽可能地让用户在虚拟环境中得到真实的体验和反馈。虚拟现实技术正在快速发展和应用，如在医疗、游戏娱乐、教育、军事及产品设计等多个领域。同时虚拟现实技术设备如立体眼镜、头盔显示器（手持式、镜带式）、六度三维鼠标、数据手套、遥控器、计算机视觉等在市面上已经普及。一些初级的虚拟现实技术已经得到具体的应用，如 2010 虚拟上海网上世博展馆，逼真地呈现了世博园的三维场景，来访者通过简单操作，如拖动鼠标和点击键盘的上下左右键移动就可参观世博园区的全貌，此外还可通过全景、平视、俯视和夜景等多视角做到足不出户观看世博会，海宝全程导览和讲解则为来访者提供了全新的视听享受。此外，许多大学引进了虚拟校园或图书馆引进虚拟现实技术，通过三维视觉体验，让用户有身临其境的感受，实现虚拟漫游，这些都是虚拟现实技术在现实生活中的应用。

虚拟现实技术具有三个特性：沉浸性（Immersion）、交互性（Interaction）、想象性（Imagination）。

（1）沉浸性（又称临场感），是指用户在与虚拟现实环境进行交互过程中产生的真实感程度。在与虚拟现实技术模拟的环境进行交互时，用户通过自身的听觉、视觉、触觉等感觉器官与计算机进行实时互动。

（2）交互性，是指用户能够通过一定的设备和技术实现与虚拟世界的互动。通过交互，用户每一个动作都能够在虚拟世界产生相应的反馈。如用户在进行虚拟现实阅读时，可以随意翻阅虚拟现实环境中的文献。虚拟现实技术的交互性是沉浸性的前提和基础，只有实现用户与虚拟环境的交互，才能够让其产生身临其境的真实感。

（3）想象性，一方面是指虚拟现实设计者在构造虚拟环境时的想象力，即虚拟现实系统呈现的虚拟环境可以是对真实环境的再现，也可以是对不存在的环境或者无法实现的场景进行模拟；另一方面也包含了用户使用虚拟现实技术时的想象力。在想象性的基础上，用户更能感受到虚拟现实技术带来的沉浸性的特点。用户的想象力能够增强虚拟现实的沉浸性。这三个特征不仅体现了用户在使用虚拟现实技术时的感受，也表现了虚拟现实技术是通过一定的智能设备与用户交互再加上用户的想象力让其能够沉浸在模拟环境中，从而产生身临其境的感觉，有利于用户在纯粹的虚拟环境中通过自身的感觉器官获得身临其境的感觉，并且能够实现与虚拟环境的交互。

二、增强现实技术概述

增强现实技术是将计算机产生的虚拟信息覆盖在真实世界的场景上，从而增强用户对现实环境的认知、理解和交互，属于虚拟现实技术的一个分支。其含义是将文字信息、照片、虚拟场景等数字内容叠加到现实场景中，拓展用户的视觉，该技术不仅可以使用户同时观察到真实世界和虚拟世界，还能使用户以各种方式跟虚拟场景进行交互。AR 是虚拟与实景叠加（在真实场景里叠加上虚拟的内容，真实的环境和虚拟的物体实时地叠加到了同一个画面或空间同时存在），所表现的是一种现实世界与虚拟内容融合的体验，比如真实的桌面上浮现的视频聊天窗口，即把虚拟物体放在用户周围。

目前，谷歌、微软等各大电子厂商纷纷推出了 AR 设备，如 Google Glass、微软的 HoloLen 头盔等可穿戴 AR 硬件，把现实中实时获取的影像，通过数据交互与屏幕显示算法，把虚拟的信息叠加到其中，例如，当用户使用这一功能时，看到的不仅是眼前的建筑，建筑的名称也能同步显示在其中。在 Kickstarter 上进行众筹的 Alpha Glass 智能眼镜，也具有增强现实的功能。HP Autonomy 公司开发的 Aurasma 增强现实技术应用平台，是一种基于 IOS 和 Android 智能手机系统的免费 App。Aurasma 图像识别技术通过智能手机或者平板电脑摄像头识别真实景象或实物，随后在其上覆盖诸如动画、视频、3D 模型、网页等丰富的信息，以便为受众带来更为立体化的信息和视觉体验。譬如，在美国 Silver Creek 中学图书馆，Aurasma App 备受欢迎，可以立体呈现书中所描述的重要情节、战争场面等。试想一下，当我们在看一本历史或者战争题材的图书时，如果能即刻观看到书中重要情节的 3D 动画，或者读一本有关技术实践的文献时，能够直观地查看其内部空间构造，将能得到多么大的帮助，也真正使"阅读"成为"悦读"。不仅如此，当用户在使用图书馆过程中遇到疑问时，可以通过手机与屏幕上自动出现的虚拟咨询馆员进行实时对话交流，以获得指导和帮助。

第二节　虚拟现实和增强现实的联系与区别

虚拟现实（VR）是全虚景，所表现的是一种完全沉浸式的体验，重新构建了一个虚拟世界，比如在"Summer Lesson"游戏中可以体验到阳光、大海等，即把用户放在虚拟的环境里。增强现实（AR）是实中有虚，虚中有实。简单来说，VR，看到的场景和人物全是假的，是把你的意识代入一个虚拟的世界。AR，看到的场景和人物一部分是真一部分是假，是把虚拟的信息带入到现实世界中[64]。

一、虚拟现实和增强现实的联系

虚拟现实技术和增强现实技术联系非常紧密，增强现实实际上是由虚拟现实演变而来的。虚拟现实和增强现实有很多相似点和相关性。比如，虚拟场景的信息都需要计算机仿真系统生成，都需要显示设备将计算机仿真系统产生的虚拟信息呈现在用户面前，都需要通过特定设备与计算机仿真系统产生的虚拟信息进行实时互动。

二、虚拟现实和增强现实的区别

1. 技术不同

虚拟现实主要依靠 Graphics 等运算技术创建虚拟世界，然后将用户的意识逐步引入虚拟世界，期待给用户带来新的体验。增强现实在真实场景上创建虚拟场景，虚拟场景只是对真实场景的补充，以便于用户跟真实环境交互。增强现实主要应用计算机视觉技术，功能包含物体识别、地理定位以及根据不同场景所需要的即时推演等。虚拟现实和增强现实涉及的核心技术不同，发展方向也不同。

2. 深度不同

虚拟现实技术注重实现用户在虚拟环境中视觉、听觉、触觉等感官的完全浸没，让用户沉浸在一个完全由计算机系统创造的虚拟环境之中并与之发生交互；相反，增强现实技术不会要求用户同现实环境完全隔绝，强调用户在现实世界的存在性并努力维持其感官效果的不变性，不要求视觉、听觉、触觉等感官的完全浸没。增强现实技术致力于将计算机系统产生的虚拟环境与真实环境融为一体，从而增强用户对现实环境的认识、理解并进行交互。

3. 系统的计算能力要求不同

虚拟现实技术要求在虚拟环境下精确再现现实环境，其对计算机系统的计算能力有很高要求，在当前技术背景下，仿真效果也未必理想。而增强现实是在已存在现实环境的基础上，充分利用周围已存在的大量环境信息或对这些信息加以扩充，获取的大量有用信息降低了此技术对计算机系统计算能力的需求。

4. 应用领域不同

虚拟现实技术的优势在于创造虚拟环境，用户沉浸在虚拟环境时，感官体验真实存在，相对真实环境，它又不存在。虚拟现实技术可以模仿高成本的、对人有危险的或目前尚未出现的真实环境。因而，其主要应用在虚拟教育、数据和模型的可视化、军事仿真训练、工程设计、城市规划、娱乐和艺术等方面。跟虚拟现实不同的是，增强现实技术不是以虚拟世界代替真实世界，而是利用多种技术将虚拟环境附加到现实环境使其自动去识别、跟踪物体。因而其应用侧重于提升工作、生活或学习等方面的能力。应用方向有辅助教学与培训、医疗研究与解剖训练、军事侦察及作战指挥、精密仪器制造和维修、远程机器人控制、娱乐等领域。

第三节   VR／AR 技术在图书馆中的应用

VR／AR 除了上述提到的应用场合外，在提升图书馆服务方面也有不小的潜力。2008 年国家图书馆引进"国家图书馆虚拟现实系统"，实现虚拟漫游：游客站在巨大的屏幕前，通过手势控制屏幕内的漫游进程和视角，也可以在阅览屏幕下的电子书时用手势翻页。此外，清华大学图书馆、大学数字图书馆国际合作计划（China Academic Digital Associative Library，CADAL）、上海交通大学图书馆等，从应用实践和理论研究都做出了有益的探索和尝试。李晓娟、任思琪和黄国彬选取了 9 所国外高校图书馆应用 AR 技术的案例进行了研究与分析，并得出 AR 技术在国外图书馆的应用包括古籍的展示和利用、馆藏历史资料的展示和文献资源的位置揭示等[65]。陆颖隽对我国图书馆虚拟现实应用及研究现状进行了总结与评述，指出虚拟图书馆馆舍（通过计算机的鼠标和键盘，控制行进的方向，实现对图书馆馆舍的虚拟漫游），是 VR 当前在图书馆内的主要应用，同时关于虚拟场景的构建和可视化设计方面的研究也有很多[66]。

通过梳理相关研究，总结出以下 VR／AR 技术在图书馆中的应用。

一、馆藏珍贵资源展示与利用

为了确保馆藏珍贵文献（古籍、手稿等）能很好地传承下去，一般馆舍不外借此类书籍，一些年久陈旧的书籍没有办法外借，致使这些文献很少向读者开放借阅，读者大多只能抱着敬畏的心情远观，而不能实际去体验阅读古籍、大师手稿等带来的震撼。虚拟现实技术利用三维建模功能，可将馆藏的古籍善本进行三维数字化，并通过数字手套等可穿戴设备实现读者与珍藏古籍善本的亲密接触，并以立体的、动态的形式展示这些文献，给人以直观真实、栩栩如生、身临其境的感觉，在丰富了读者的阅读体验、满足了读者阅读意愿的同时还能很好地保存文献，而一般意义上的数字图书馆仅提供二维的数字资源。通过这种方式，用户既能够在图书馆中感受到传统纸质阅读的乐趣，又能体会到数字时代的便利性。使用 VR 技术，用户可以模拟直接翻阅古籍的过程，拓展获取相关的信息资源，解决古籍的保护与利用的矛盾。

图书馆在进行特色馆藏文献或其他收藏品的展示时，可以借助 AR 技术将生动的虚拟景象覆盖于实物表面，用户只需通过手机或者平板摄像头就可以了解展品的详细信息。在举办"艺术画廊"展览时，墙壁上只有一幅幅平面的画作，如游客想要获得更多的信息，只需将智能手机或者 iPad 对准作品进行扫描，便可以获得该作品的作者信息、创作背景及所属流派等丰富信息。例如，由英国联合信息系统委员会资助的项目——"利用 AR 技术促进对特藏的研究和教学"于 2011—2012 年由英国曼彻斯特大学 Mimas 学术数据中心主持，与约翰·里兰兹图书馆联合开展，帮助学生们研究约翰·里兰兹图书馆收藏的中世纪的手稿、代表性的版本及文献档案。学生使用安装了 AR 应用的 iPad，拍摄玻璃柜中的但丁《神曲》的原始文献，显示屏上就会出现关于该文献的数字图片、文字信息、相关线上资讯、相关文献资源等内容。学生可以对图片进行放大，观察到难以分辨的细节，还可以收听古英语阅读该文献的音频资料。如果感兴趣，学生还可以通过链接查看相关的文献信息。美国宾汉姆顿大学图书馆也于 2014 年开发了一种奇妙的 AR 图书。在这个项目中，数字内容投影在空白书页上，可以使用户看到珍贵古籍、手稿的内容。这个系统使用了识别书页上的编码来实时追踪页码，比如翻到第 11 页，就会显示古籍的第 11 页内容，还支持来回翻页。做法是：在空白书本的每页都贴上页码的 QR（Quick Response）码（二维码）标签，使其与数字版的古籍手稿的页码一一对应。翻页时，通过摄像头快速扫描、识别页码，就能将对应页的古籍内容投影在空白书页上。即使用户来回翻页，也能使数字内容精确地对应。这种体验高度模拟了阅读真正古籍的过程，用户可以一边参观玻璃柜里的古籍原本，一边翻阅 AR 图书，打破了不可触摸的古籍实物的禁锢，获得了双重的阅读体验[65,67]。

二、丰富阅读体验

在上述提到的古籍阅读和展览中，AR 技术极大地提升了阅读体验。下面再举些例子，从丰富阅读体验视角来看，AR 技术在书刊阅读、博物馆展览中的应用。世界著名英语图书出版商 Penguin Group 联合增强现实频道（Zappar）一同研发了增强型书籍，人们可以在他们集团的网站上免费下载 Zappar 软件，安装软件后打开智能手机的摄像头对着这种增强型图书的封面扫描，手机显示屏上就会出现视觉动画元素，如对着图书"海贼王"墨比·迪克（Moby Dick）扫描，屏幕就会呈现游泳的鲸鲨。美国知名网站 Amazon 产生了经 AR 技术强化的增强型图书（Enhanced Books），这种图书在 AR 终端效用下会呈现奇妙的景象，例如二维平面物体会渐渐演变成操控型三维立体模式，二维地图可以变换为转动型地球仪，青少年会看到"恐龙"从书上慢慢站立、行走，还可以在书上操纵飞机。美国加利福尼亚州的浪谷那海滩艺术博物馆把静止的图片转化为动态图像，使图片中的舞蹈者能够在观众的智能手机屏幕上跳跃起来，图片中水中游泳的女郎甚至突然间就"游走"了。在我国，北京师范大学教育研究所已研制出一种 AR 技术"未来之书"，读者用手机辨识书刊里的标记就能感受虚实结合的交互阅读体验，使用 AR 的多媒体图书凭借手机等终端设备还开拓性地为人们提供即时获取互联网数字资源服务。

三、文献排架与查找

第五章中提到，很多图书馆利用 RFID 电子标签进行图书定位、盘点等工作。AR 也可以实现文献查找和定位的类似功能，并且成本较低。通过一个类似于二维码的条形码，工作人员和用户不需要专门设备，只需通过手机或者平板电脑的摄像头，图书就会依次出现在屏幕上，错架的图书下方会被打上小红叉，无须在错架区域一本本查找，只要将特定错架图书归位即可，省时省力，能大大提高盘点排架的效率。另外，AR 标签使用周期相对较长，性价比较高。此外，也能帮助用户更好地发现文献。读者通过手机查找到相应的图书，读者的当前位置由定位系统精确定位，并提供指引行进路线达到目标图书的位置，即使阅览空间分布非常复杂，读者也只需遵循导航系统就能快速地找寻到所需文献。

美国迈阿密大学 AR 研究小组的布林克曼（Brinkman）教授领导开发了一个用于书架整理的 AR 应用程序。这款名为 ShelvAR 的 App 通过手机摄像头读取粘贴在书脊上的二维码标签里的内容，就可以判断读取范围内图书的位置是否正确。手机屏幕上可以实时显示一排虚拟的标记，如果有错架的图书，在书脊上会显示红色标记"×"，位置正确的图书则用绿色标记"√"显示。手机屏幕上会出现一个箭头，指示错架的图书应该往哪个方向移动并指示影像有效范围内的移动距离。ShelvAR 不仅可以进行高效率的书架整理，还可以完成藏书清点任务。目前，该软件可以一次扫描大约 80 册书的范围，但是对于厚度很薄的图书则效果不佳（无法粘贴标签），因此该技术不适用于儿童图书馆。ShelvAR 在美国大学与研究图书馆联合会 2011 年会上做了展示，获得了图书馆员的广泛关注。虽然 ShelvAR 目前还没有大范围的普及应用，但它利用 AR 技术实现的图书排架功能还是让图书馆员眼睛一亮。AR 技术不仅能够帮助图书馆员整理书架，依靠粘贴在书架和图书书脊上的二维码，还具备了将印本图书资源与数字资源进行连接、集成揭示的融合功能。读者在浏览书架的同时，通过扫描书架上的二维码，还可以实时查看与当前架位相关的馆藏数据库资源。对于粘贴在书脊上的二维码，则可以包含更多的信息，既可以连接馆藏电子书，也可以指向外部的电子书数据库，同时也可以利用图书馆的自动化管理系统的数据，例如可以通过 239.50 协议获取一本图书的流通次数信息，帮助读者判断资料的受欢迎程度[68-70]。

此外，随着以 Google 地图为代表的电子地图技术和基于位置的服务（Location Based Service，LBS）技术的快速发展，已有很多大型图书馆开发了图书馆电子地图导航系统。LBS 应用结合移动 AR 技术，能够为用户提供实时的路径指向，使用户体验更加鲜活、生动。当读者在馆内使用手机搜索到一本图书时，LBS 系统会根据读者的当前位置，为读者提供前往目标图书的指引行进路线，帮助读者快速找寻到资料。即结合 AR 技术可直接在移动设备中找到图书所在位置，并获得指引路径，实现"按图索骥"、观"书"找书。

四、虚拟导览和入馆教育

通过三维建模构建出来的和真实图书馆环境一致的数字化 3D 场馆，借助相关建筑图纸，严格按照等比例尺寸，绘制 3D 场景完成图书馆的虚物具化。这对于新入馆的用户具有重要指导作用，当新用户通过虚拟 3D 图书馆浏览图书馆时，就像进入了真实的图书馆，通过类似游历的方式进行场馆布局的熟悉，用户可在虚拟图书馆各区域游览。实现对图书馆各项服务和硬件设施的导引，使读者迅速熟悉图书馆布局和了解相关业务流程，从而使新用户和无法来馆的用户轻松地了解馆藏布局和设施。国内许多大学也开发了基于 VR 的虚拟校园以及虚拟图书馆漫游系统，如清华大学图书馆就推出了 3D 全景的栏目，将清华大学图书馆的外景、逸夫馆二层、老馆一角和人文社科馆的虚拟场景通过互联网展示给用户；上海交通大学图书馆的虚拟漫游将图书馆简介、图书馆馆内的导航图与虚拟场景结合起来一起显示；武汉大学图书馆在原有的360°三维校园全景基础上，2014 年又推出了基于 VR 的虚拟 3D 漫游。读者步移景异，实时感受移动带来的场景变化，带来逼真的沉浸感。

虚拟场景的再现或漫游只是 VR 在图书馆的基本或基础应用，是相对粗浅简单的应用。随着 VR/AR 技术在图书馆应用的发展，读者还可以通过头盔、镜子、透明设备等媒介，用鼠标或是手势来漫游图书馆。这不是简单的能够在网上浏览图书馆虚拟馆舍的概念，而是能够让不能到馆的读者在虚拟和现实相结合的虚拟图书馆游历。读者不在现场，也能身临其境地"来到"图书馆，在不同的场馆中漫步，并且实现通过鼠标或手势从书架和刊位上"拿书""取刊""翻阅"。虚拟图书馆中的展厅都是立体的，每本书刊都有三维模型，可以通过鼠标或手势进行翻阅和旋转，模型还提供借书和还书的选择菜单，读者可以在虚拟图书馆自行借阅或者归还。读者可以在虚拟图书馆中获取真正图书馆中的资源，当读者获得自己需要的服务后，也可以"离开"图书馆。同时，虚拟真人馆员可以和读者进行交流，回答读者疑问，可以和读者握手、交谈，读者能够 360 度真切地听到、看到、触碰到虚拟真人馆员，降低虚拟服务的机械感。当读者漫步在图书馆中时，图书馆的天花板上能够为其呈现不同的介绍和景象[71]。

此外，许多图书馆通过虚拟现实技术的帮助，利用虚拟场景让用户随意漫游，让其身临其境地对图书馆整体构造、馆藏分类、布局等进行体验，快速了解图书馆的馆藏分布情况和各分馆的位置和规章制度等，形成视、听、触觉一体化的开放的虚拟环境，给读者以逼真的感受与体验，并且设计了一系列的虚拟场景与闯关测试，在"玩"中了解图书馆的概况、资源、服务和使用方法，在"游戏"中学习，促进读者对图书馆馆藏布局、服务设施的了解，帮助新读者用好图书馆。例如，武汉大学图书馆于 2014 年 9 月推出"拯救小布"游戏，顺利通关之后即自动在线开通图书馆所有功能（借还书、上机自习、预约研修室等），"拯救小布之消失的经典——2015 武汉大学读书节经典名著在线游戏"，获 2015 年全国高校阅读推广案例赛一等奖。

五、少儿阅读

将增强现实技术与传统文献模式相结合，把内容丰富的文献与形式创新的新媒体技术相融合，将会使图书馆的文献资源更加丰富多元。以儿童科普读物为例，此类读物需要用简单明了的语言和图片对复杂的科学技术加以说明，使少年儿童能够深入浅出地了解其中的奥妙。但是儿童还处于感官世界主导阶段，单纯的文字和穿插在其中的图片往往会使小读者难以直观理解，阅读兴趣也会大大降低。因此应用增强现实技术把真实世界与虚拟世界"无缝"叠加集成，可以按照原书将其中的视觉、味觉、听觉等感官通过计算机模拟仿真处理后再叠加到读物中去，从而使小读者认知超越现实的感官体验。这些超现实的感官刺激，会给儿童的阅读带来惊喜和愉悦，使儿童在快乐地看、听、闻等感官辅助下很快理解科普读物想要表达的思想。迪斯尼在 2015 年的 IEEE 国际增强现实和混合现实研讨会（ISMAR）上，展示了它们的 AR 涂色书项目 Crayola。当儿童在给纸上的卡通形象上色时，智能设备里的 App 可以通过摄像头根据纸上绘画的颜色和形状创建出一个相应活动的 3D 模型，并将 3D 模型同绘画一起实时在软件里叠加显示，儿童可以通过此 App 随时观察自己作品对应的 3D 模型。对于还没上色或图中被遮挡的部分，App 还会在创建 3D 模型时采用一些算法，智能猜测并填充相应的部分（Live Texturing of Augmented Reality Characters from Colored Drawings）。Google 则在 2016 年申请了两项 AR 技术图书专利。第一项专利被称为"Storytelling Device"或"Interactme Book"，它通过镶嵌在书页间的压力和运动传感器，可以让用户通过相关设备将页面上的内容展现出来。而且用户不需要任何虚拟现实头盔或增强现实设备，只要通过内置到书脊中的投影装置就可以将内容投射出来。第二项专利"Media Enhanced Pop-up Book"是一种通过多媒体增强方式播放的立体书，它不通过微型投影仪来投射，而是通过平板电脑来为画面添加内容。每一个页面都可以进行二次打开，并且呈现垂直播放状态。

六、个性化服务

利用人脸识别的 AR 技术，图书馆能够快速地辨识入馆的重点读者身份，从而及时获取读者的学术职务、学科背景、研究方向、新动态等公开信息资料，并为用户及时提供相关的馆藏学术资源，提升图书馆个性化服务的水平[70]。

七、真人图书馆

真人图书馆（Living Library），简单来说，就是"借"一个活生生的人来交谈，以此来分享他（她）独特、鲜为人知的经历以及某方面的经验、技能、诀窍等知识。真人图书馆最初的目的是消除人与人之间由于互不了解所造成的隔阂、偏见、敌视甚至攻击。真人图书是一个个实实在在的人，而不是一本本传统的图书。吴才唤提出利用 VR 技术优化真人图书，按照真人图书征集、编纂真人故事、真人场景制作和开展真人阅读的步骤进行。应用 VR 技术优化真人图书可以从两个角度进行：一是现场直接优化真人图书；二是虚拟间接优化真人图书[72]。

第四节　VR/AR 在图书馆应用的具体实践

除了在上文中提及的应用和一些案例，下面再介绍一些图书馆应用 VR/AR 的具体实践，供读者了解。

（1）美国伊利诺伊大学厄本那香槟分校 UIUC 研发了一款使用了光学字符的识别技术（Optical Character Recognition，OCR），简单说就是将图像中的文字转换成文本格式的移动 AR 应用程序[73]。利用该软件，学生使用手机摄像头扫描教学大纲、参考书目、课外作业、图书章节等文字内容，能够实时显示图书馆推荐的相关馆藏学术资源。学生不仅能够在手机上浏览与保存图书馆推荐的馆藏资源，还能够将推送结果发送到指定的 E-mail 或者 Facebook 等社交网络平台与其他人分享内容。使用了 OCR 技术的 AR 应用程序，不仅能够帮助学生理解阅读内容，还能够帮助学生高效率地扩展学习资源。对于有语言障碍的学习人员，借助"Word Lens"的实时翻译软件，学习非英语类的学术资料将会有更高的效率。

（2）美国北卡罗莱纳州立大学（NCSU）图书馆研发的一个智能手机 App-Wolf Walk，利用大学档案馆的馆藏照片，为用户展示校园内的地标性建筑、景点、设施的历史图片和资料。除了传统的 Google 地图导航式应用，Wolf Walk 还使用了新颖的 AR 和地理定位技术。当师生在校园漫步时，用手机摄像头对准某建筑，即可以实时获取有关该建筑和地点的历史图片、重要事件等信息；同时，用户还可以查看所在位置附近的重要校园设施。无论是本校的师生还是访客，都能通过 Wolf Walk 便捷、高效地了解北卡大学校园历史变迁[74]。在校园导览系统里使用了 AR 技术的学校还有美国哥伦比亚大学、英国埃克塞特大学，中国的台湾大学、辅仁大学等。

（3）2008 年，中国国家图书馆上线了"国家图书馆虚拟现实系统"，其中"虚拟现实读者站"，与许多图书馆采用的触摸屏式阅读翻书不同，到馆读者可以利用"虚拟现实读者站"的硬件设备，通过手指的指向或抓取的手势，便可轻松选择书籍，读者如果做出翻书的动作，设备将显示向左或向右进行书页翻动；阅读完毕，则只需向前伸出手掌，书籍便会回归复位。读者在这里可以感受到二维数字信息无法体验到的直观、生动、形象的感知，与实体图书阅读十分相似。

（4）大学数字图书馆国际合作计划（CADAL）在图书馆三维信息

资源建设中也做出了重要的探索和实践。该国际合作计划利用数字图书的易分割性，充分体现了其使用更加灵活方便的特性。数字图书的试读、借阅、转借都能够以目录的章节段落为单位来进行，其元数据信息以及目录也可同时揭示，这是实体图书无法实现的。该计划最具特点之处，是 CADAL 阅读器的阅读功能。有单页显示阅读模式和双页显示阅读模式，古籍还有古文显示和现代文显示两种方式，多种显示方式可方便读者任意选择。读者不仅可以实现阅读中图书翻阅，还可以在文本框中输入页码直接跳转翻页。此外，还能够对图书进行评注、全文检索和用户推荐。该计划的图书阅读不仅具有纸质图书的外观以及翻阅等效果，也拥有显示目录、全文检索、用户评注推荐等数字信息的特殊功效，可以说该计划的阅读功能集成了传统图书和数字图书的双重优势，真正使传统纸质图书的价值在数字环境中得以进一步拓展和体现。中国书法作品的欣赏与创作是该计划利用 VR 实现应用特色的又一尝试。用户只需点击页面上的"新风格生成"，网页便会将用户的选择设置转换为特定的书法风格。该计划的中国文学编年史在线资料库是基于数据库技术、语义网技术、多媒体技术、地理信息技术、海量存储技术及 VR 技术构建的中国文学史信息系统。资料库以中国文学史为蓝本整合了文学、文学史阅读、作品与资源检索服务，用户亦可选择时间、地点和人物进行浏览。

（5）武汉大学图书馆、陕西师范大学图书馆等高校图书馆也引进了报刊图书等文献的三维翻阅的 VR 阅读设备。武汉大学的 VR 阅读设备为读者提供了图书、报刊、学术论文等数字资源，到馆读者点击屏幕后，文献即呈双页翻开显示在屏幕上，读者还可在书页上像阅读实体书一样滑动手指翻页，或点击页面两侧的翻页按键阅读，页面会呈现出立体翻页效果。

（6）公共图书馆方面，天津市图书馆、湖北省图书馆也已初步将 VR 的一些设备引入图书馆，方便读者对一些数字信息资源进行三维阅读。2017 年 12 月，内蒙古通辽市图书馆引进一批现代化体验设备，包括 VR 绘本阅读一体机、VR 骑行（读者通过佩戴 VR 立体眼镜配合固定的自行车就可以体验到在高空骑行的 3D 场景）、7D 影院等。

第五节　结语

虚拟现实、增强现实的应用为图书馆进行创新服务提供了新途径，为图书馆更好地服务读者提供了新视角。随着时间的推移，虚拟现实、增强现实技术，甚至融合技术（Mixed Reality，MR，虚拟现实和增强现实技术结合融合）将会不断发展，充满惊喜的应用也将继续改变读者工作、沟通与娱乐的方式，给用户更好的体验。

思考题

你了解到 AR/VR 技术在图书馆有哪些应用？

第十一章
图书馆其他自助服务

　　本章主要介绍其他一些常用的自助服务，包括座位管理系统、研修间预约系统、自助文印系统（微信打印、手机打印）、读者教育系统、毕业离馆/离校系统、门禁系统（一卡通、二维码、刷脸）、自助查收查引系统等，越来越多的图书馆引进了这些自助服务，例如浙江大学、同济大学图书馆开展了微信打印的服务，华东理工大学微信校园卡上线的"图书馆选座"功能。

第一节　座位管理系统

　　对莘莘学子而言，学校图书馆是获取丰富文献资源，自主学习和研讨交流的重要场所。然而，图书馆空间和阅览座位有限，"占座"情形成为图书馆司空见惯的现象，还有就是在很多图书馆，往往一边是"一座难求"，另一边却又是"有座无人"。为了每一位读者尽可能公平地享有使用图书馆空间和设施的权利，实现资源和服务最大限度的利用，近年来众多图书馆引进了座位管理系统，读者可在线预约座位（网页选座、移动 App 选座、微信选座等方式），也可在现场选座设备上或扫描座位上的二维码选座，实现像在电影院选座位一样，通过可视化界面，进行座位选择、预约、签到、暂离和签退。例如，2011 年 11 月，厦门大学图书馆开设了自动选座系统服务，使读者与图书馆座位设施联系起来，体现了智慧图书馆的人物相联的全面互联互通的服务管理品质[75]。同时，为了维护读者在图书馆平等利用阅览室座位的权益，引进座位管理系统的图书馆也相应制定了管理规则，包括预约座位、取消预约、暂时离开、座位释放、续时和违规处理等。读者可根据座位的空闲情况及使用需求灵活选择并预约座位，在选择座位前，通过图书馆主页选座页面、微信公众平台、现场座位管理设施查看图书馆座位资源的使用情况、空闲座位数量、座位资源分布等，例如，昆明理工大学图书馆微信平台"微服务大厅"中，查看"自修座位"即进行阅览室流量查询；湖南大学图书馆微信平台"查询"菜单栏下"阅览室流量"，读者登录即可查询阅览室流量。同时读者在选择座位时可进行自主选座与自动分配两种选择方式，对于习惯自主选座的读者，该系统会对读者进行选座行为分析，并为读者提供符合其座位习惯的座位。

目前，市场上的代表性产品有杭州联创信息技术有限公司的座位管理系统（研修间、信息共享空间预约管理系统）、北京掌图科技有限公司书蜗 App、"不占座"小程序、微信座位管理系统等。下面以案例的形式分享几种座位管理模式。

1. 湖南师范大学——"微信座位管理系统"

湖南师范大学图书馆于 2016 年 12 月上线"微信座位管理系统"。其基本原理是利用微信平台对"闲置"座位进行计时管理。读者在需要使用被占的"空置"座位时，只需扫描二维码，即可对该座位进行计时管理，真正实现对被占的"空置"座位的释放和利用，提高座位的使用率[76]。具体做法是：某座位当前使用者 A 同学，在离开座位时若没带走个人物品（若带走个人物品则该座位视为空座），A 仍保有该座位 20 分钟的使用权；A 离开座后，寻找座位的同学 B 可临时使用该座位，为了有精确的时间记录，B 立刻扫座位上的二维码开始计时（即"一次扫码"）；20 分钟内 A 可随时要回该座位，如果超过 20 分钟，B 再次扫码（即"二次扫码"），则该座位使用权移交到同学 B 手上。该系统简化了管理流程，操作方便、运行成本极低，只需在座位上粘贴一个二维码，手机扫一扫，即可落座。该座位管理系统荣获了"2017 年高校图书馆发展论坛"应用案例一等奖[77]。

2. 华东理工大学——"微信校园卡""图书馆选座"服务

华东理工大学图书馆通过微信校园卡进行图书馆预约选座和读码器上签到。读者需在微信校园卡中（"我"→"卡包"）点击服务大厅，即可调出"图书馆选座"功能界面，该功能界面将已占用座位和无人占用座位以不同颜色的座位图形呈现出来，"图书馆选座"功能需要读者在进出图书馆时都要通过签到读码器进行微信校园卡的二维码扫码签到，以此实时更新座位的使用情况，提高座位分配的效率及精确性[78]。

此外，该图书馆利用微信校园卡开通了图书馆门禁功能，为读者提供多种进馆选择，减少由于忘带或遗失校园卡而不能进馆的不便。还将陆续推出基于微信校园卡的自助借还书、研讨室预约、活动报名和签到等一系列功能，使读者真正做到手机在手，图书馆无忧[79]。

图书馆此次推出的微信校园卡项目借助腾讯云科技，通过微信一级入口的虚拟校园卡作为身份认证的载体搭建图书馆移动服务平台[80]。微信校园卡是腾讯微校为全面贯彻"助力校园管理智能化"的设计理念，将打造融合学校所有服务的平台（即智能虚拟卡），微信校园卡跨平台融合能力赋能高校"智慧校园"建设。微信校园卡在实现统一身份认证、多平台无缝切换、多平台校园服务融合的同时，也可以保持接入的校园服务平台与微信校园卡平台采用分离管理的模式，即接入微信校园卡的校园服务平台无须部署到腾讯服务器，无须重新开发，高校方可根据不同时期需要，随时更新卡上提供的服务。

3. 西安电子科技大学——"书蜗"App 座位管理系统

西安电子科技大学图书馆将座位管理系统集成到书蜗 App 中，读者需下载书蜗 App，实现手机选座、手机签到、手机退座。其中，读者在选座成功后，在座位预留时间内就座，需启用手机蓝牙同座位附近安装的蓝牙设备配对通信，在书蜗 App 中确认签到，即可使用座位。"确认离座"也是采取类似的步骤。

目前，如何确定读者真正利用了预约的座位，是件较难判断的事情，比如读者也进行了签到（通过门禁入馆、现场签到、"二维码扫码+IP 地址"方式签到、蓝牙签到等），然后离开图书馆数小时，此时座位是否真正被利用，我们不得而知，当然采用湖南师范大学图书馆的座位管理模式和理念，一定程度上能避免或减少座位被预约和签到而离开的空闲时间。同时利用数据进行读者选座偏好的智能分析需要进一步加强，例如某阅览区域的座位、来馆研习的时间段等，推荐或暂时保留读者经常预约的座位，如提示"××读者，××区域有您喜欢的座位还空着，是否预约?"以及通过统计功能，分析哪些阅览室区域上座率较低，分析其原因，例如可以适当减少该区域工作人员或改进某些服务与设施，例如是否光照暗或阴冷等。另外电源、灯光、窗户、书架、开水间分布、厕所分布等在座位预约系统上显示，可能更方便读者选择喜欢的座位，做有温度的图书馆。

第二节　自助打印复印扫描系统

为了给读者提供更为简单便捷的自助式打印、复印、扫描服务，许多图书馆推出自助式复印、打印、扫描服务系统，部分馆还在该系统上增加超期罚款功能（例如，大连理工大学图书馆等）。自助文印系统与校园一卡通结合，实行全程自助式无人化管理，打印更为灵活，读者只需在校园一卡通中充值，即可轻松自如地进行自助打印、自助复印和自助扫描，还可以进行图书馆图书的逾期罚款缴费。读者可在校园网内（宿舍或实验室、办公室等）任意一台装有自助打印客户端的机器上（电脑需要下载安装自助打印驱动程序，在机器上进行安装后，在桌面上双击"打印管理系统"程序，可以"修改个人信息"和填写"电子邮箱"，也可以查看和管理打印、扫描的文档）远程发送打印任务，并到图书馆任意一台装有自助文印系统刷卡器的复印打印扫描一体机上，使用校园卡进行刷卡缴费取走打印文档；也可以通过手机上安装打印客户端或通过图书馆微信公众平台或云打印方式（该方式采用 Web 提交的方式，无须安装软件，在任何联网计算机上提交打印文档即可）在校园网 IP 地址范围内上传打印的文档，到校园内的自助打印复印扫描一体机，通过校园一卡通进行身份认证和收费，并取走所打印的文档。自助复印可在图书馆任意一台装有本系统刷卡器的复印打印扫描一体机上，使用校园卡进行刷卡缴费复印（直接操作复印机，注意选择纸型和复印份数）。自助扫描可在图书馆内任意一台装有本系统刷卡器的复印打印扫描一体机上，使用校园卡进行刷卡缴费扫描，扫描结果可以到云打印平台或者打印客户端上获取，如果在打印管理系统中登记过邮箱，也会自动发送到邮箱中。

目前，代表性产品主要有：①联创自助打印复印扫描系统（部分用户见表 11.1，下同）。②信安之星校园打印复印管理系统。③V 印云打印。④新印相——云打印。⑤其他产品，包括小马快印、重庆第二师范学院图书馆引进的凭支付宝或微信支付的方式进行自助打印、自助复印和自助扫描的"智印"终端等。此外，还有用户可以通过网页、微信公众号或 App 上传需要打印的文件，下单后后台自动生成二维码，再到自助打印机上扫码即可。表 11.1 列出了部分图书馆自助打印复印扫描服务模式，更详细的通过扫描二维码访问相应的网址。图 11.1 至图 11.3 显示了部分图书馆使用的自助文印设施。

表 11.1 自助打印复印扫描服务模式一览表

自助文印产品	用户	自助文印服务链接	链接二维码	说明
联创自助打印复印扫描系统	西安交通大学图书馆	http：// www. lib. xjtu. edu. cn/ custom. do？ id＝334		杭州联创信息技术有限公司推出的联创自助打印复印扫描系统。该系统可实现自助打印、自助复印、自助扫描、自助缴费（以及超期罚款），通过一卡通等进行身份认证和收费
	南京大学图书馆	http：// lib. nju. edu. cn/uni		
	大连理工大学图书馆	http：// www. lib. dlut. edu. cn/ info/2023/1876. htm		
	华东师范大学图书馆	http：// www. lib. ecnu. edu. cn/ service/print_ auto. php		

续表

自助文印产品	用户	自助文印服务链接	链接二维码	说明
信安之星校园打印复印管理系统	中国科学技术图书馆	http：//lib. ustc. edu. cn/% E6% 9C% 8D% E5% 8A% A1% E6% 8C% 87% E5% 8D% 97/%E8% 87% AA% E5% 8A% A9% E6% 96% 87 E5% 8D% B0% E6% 9C% 8D% E5% 8A% A1% E4% BD% BF% E7% 94% A8% E8% AF% B4% E6% 98%8E/		信安之星（iSecStar）校园自助打印复印管理系统可以在校园网络提交打印任务，在校园打印站（点）的自助终端上，进行打印、复印、扫描操作，及查询、管理个人信息等操作，智能自助终端可以集成一卡通刷卡器，实现与校园一卡通的互联、认证、计费
	天津财经大学图书馆	http：//lib. tjufe. edu. cn/fw/zzwy. htm		
	江南大学图书馆	http：//lib. jiangnan. edu. cn/kj/zzdysmfw. htm		

续表

自助文印产品	用户	自助文印服务链接	链接二维码	说明
V印云打印	武汉理工大学图书馆			V印云打印是基于云计算平台和互联网传输，通过部署于公共区域的V印云打印终端进行自助打印的一种全新打印方式。使用方法： （1）进入V印平台 http://www.vyin.com，注册成为V印用户； （2）通过PC、手机、平板电脑、U盘等上传需要打印的文档、图片到V印云计算机平台； （3）到部署在公共区域的任何一台V印云打印终端进行自助打印。 使用方法：读者关注武汉理工大学图书馆微信公众号后，在"云阅读"的菜单栏中选择"新生专栏"进入新读者入馆教育系统，点击"自助服务"在"打复印服务"中扫描V印二维码，关注V印公众号，点击"充值"菜单栏中"登录/注册"选择"新用户注册"，注册成功后，读者可享受微信充值、微信打印服务。登录微信进入V印公众号，点击"快捷打印"菜单栏选择需要打印的文件，点击"立即上传"完成打印设置回到初始页面，选择打印点，进行"用户登录打印"或"微信扫码打印"，即可完成打印。如图11.1所示

续表

自助文印产品	用户	自助文印服务链接	链接二维码	说明
小马快印公司	泰山学院图书馆	http：//www.tsu.edu.cn/2017/1025/c2287a33215/page.htm		该公司提供智能在线云打印平台，提供共享云打印机服务，移动设备直连打印机，不用U盘完成打印。如图 11.2 所示
其他（凭支付宝或微信支付的方式进行费用支付）	重庆第二师范学院图书馆	http：//www.cque.edu.cn/lib/info/1030/1729.htm		凭支付宝或微信支付的方式进行自助打印、自助复印和自助扫描的"智印"终端。如图 11.3 所示

图 11.1　联创自助文印系统和 V 印设施

（图片来源：武汉理工大学图书馆）

图 11.2　小马快印设施

（图片来源：泰山学院图书馆）

图 11.3　智印设施

(图片来源：重庆第二师范学院图书馆)

第三节　读者教育系统

　　读者教育系统是指图书馆对新读者、违约读者、学生馆员等教育和培训的信息系统，实现对新读者的入馆教育、违约免罚教育（例如，中山大学、西安交通大学图书馆）和学生馆员的在线培训。旨在通过网络在线方式帮助读者更好地了解图书馆，促进读者对图书馆的利用，提高图书馆的服务水平，发挥图书馆教育和信息服务的职能[81,82]。

　　新读者入馆教育早期以印发新生指南（手册）、举办讲座、观看视频、入馆参观等教育方式为主。随着网络技术以及移动智能终端的发展，许多馆引进了网络自助式新生入馆教育平台，利用网络平台（PC

端或移动终端），通过自主浏览含有图书馆常识（例如图书馆概况、开放时间、借阅规则、资源和服务等）的入馆讲座 PPT、文本、常见问题、游戏和宣传视频以及虚拟参观图书馆场景并参与测试答题、知识闯关等方式，在线完成图书馆相关知识的学习并开通借阅权限。

违约读者教育是指读者未履行约定按期归还文献而产生违约责任，图书馆不采取罚款等措施，而采取在线学习相关图书馆知识，通过考试再次开通借阅权限的读者违约教育方式。例如中山大学图书馆和西安交通大学图书馆实施了该举措。关于超期违约，还有其他的处理方式，例如设立超期豁免日（如中山大学图书馆、西安交通大学图书馆、广东省立中山图书馆等，在豁免日当天归还超期图书，免除全部逾期违约金）、以劳代罚（如湖北第二师范学院图书馆，还回超期图书，进行相应时长的义务劳动，包括借阅指导、归置书籍、维持秩序、打扫卫生等）、停借（还回超期图书即可继续借阅）等方式，拉近图书馆和读者的关系，加强借阅道德建设，弘扬图书馆精神。如图 11.4 和图 11.5 显示了东南大学图书馆和武汉大学图书馆的新生专栏，分别有"答题获权限"的新读者入馆教育系统和"新生游戏""拯救小布"的虚拟闯关系统。此外，许多图书馆在其微信公众平台增加了"新生专栏"或集成了新读者入馆教育链接，例如，西安交通大学图书馆在 2016 年推出"读者在线微信答题"系统，满足读者多样化和移动网络应用的需求。

图 11.4　东南大学图书馆"新生专栏"

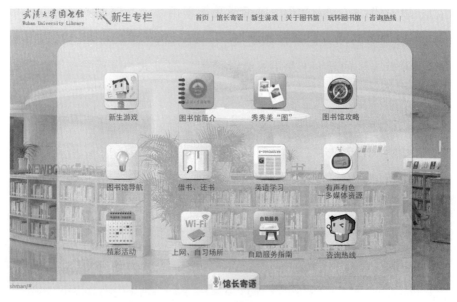

图 11.5　武汉大学图书馆"新生专栏"

第四节　毕业离馆/离校系统

校园毕业离校系统是涉及毕业生离校的多个环节（归还借书、缴清学杂费等），面向学校多部门（图书馆、财务处、学生处、公寓管理中心、所在院系等）的综合管理信息系统。基于先进的网络技术和数据共享理念，在参与毕业离校的各相关部门之间实现数据的同步和共享，各部门能够在系统中批量办理离校手续所负责的环节。图书馆是离校手续办理所涉及的部门之一，为了提高读者办理图书馆相关离校手续（例如，归还本馆和馆际互借图书、缴纳逾期违约金、博硕士研究生提交电子和纸质版毕业学位论文等）的效率，贵州大学、云南大学和厦门理工学院等高校图书馆引进或自主开发了自助离馆系统，同离校系统进行同步数据（纳入高校一站式离校系统统一管理，成为离校系统的一个子模块）或仅图书馆独立使用该系统。自助离馆/离校服务作为自助服务功能的拓展和延伸，一站式实现相关手续的审核和办理，不再使用离校通知单，节省毕业生或班级负责人到各个相关部门的排队办理时间，简化毕业生离馆/离校流程，节约纸张[83]。毕业生可通过学号认证进入离校/离馆系统查询各部门审核进度，如果查询结果有未审核通过的手续，例如有未归还的图书或研究生学位论文未提交或欠学费等，到相关部门办理。如果相关部门均显示"审核通过"等字样，则表明全部手续办理完毕，可在规定时间内，到各院系领取毕业证书等。图书馆在离馆或离校系统中审核通过的读者，若有离校系统的话，批量数据同步至离校系统；如果没有离校系统，则图书馆在相应材料上盖章，表明图书馆这一环节相关毕业手续办理完毕，读者的门禁、借阅权限可能终止或读者信息转为校友，享有校友的图书馆权利。

下面以厦门理工学院图书馆为例，简要介绍毕业离馆手续办理方法。毕业生办理图书馆离馆手续主要有网上办理和到馆办理两种方法。

1. 网上办理（即通过离馆系统办理）

在校园网环境下访问图书馆网站首页的"离馆系统"，使用校园信息门户账号和密码登录，查询个人离校状态，若提示"可办理离馆"，点击"办理离馆"按钮，即可完成毕业离校之图书馆环节的流程。办理离馆后，读者图书借阅、自助服务平台和电子阅览室的权限立即注销，读者将不能再使用上述服务。离馆手续成功办理完毕后，图书馆离馆系统将禁止再次登录。10 分钟后，读者可登录校园信息门户，在"数字离校"栏目中查询离馆环节办理结果（校园门户获取图书馆离馆办理结果的数据通信和同步一般是 10 分钟）。

2. 到馆办理

网上办理仅适用于没有欠书、没有图书超期欠款、在联创自助服务和上机系统无欠款以及毕业论文电子版与纸质版按要求提交的读者。到馆办理采用了在联创自助文印终端上增加的"毕业离馆"功能，原理和业务流程详见"图书馆一站式自助离馆服务系统构建——以厦门理工学院图书馆为例"一文和图书馆网站"离馆手续办理流程"的通知。

第五节　门禁系统

门禁系统又称出入管理控制系统（Access Control System），目前门禁系统由三种主要的技术形成，如门禁卡技术（例如，读者一卡通）、二维码识别技术（例如，读者信息二维码或华东理工大学的微信校园卡二维码）以及生物识别技术（例如，指纹、人脸）。下面以二维码入馆、刷脸入馆为例介绍较新的门禁识别方式。

1. 二维码入馆门禁控制方式

该方式将分享重庆大学图书馆和华东理工大学图书馆实践进展。

（1）重庆大学图书馆：二维码入馆。

重庆大学图书馆为解决读者忘带读者卡而不能进入图书馆这一问题，推出基于手机移动客户端扫二维码进入图书馆的方式，在移动图书馆 App 中集成二维码门禁服务，读者进入移动图书馆 App 通过用户名和密码验证并绑定账户，在进入门禁前打开 App 客户端，利用"二维码门禁"扫描门禁上的二维码，移动图书馆自动验证身份，通过验证后触发门禁开关打开门禁，同时移动图书馆 App 会自动向读者发送欢迎信息。

（2）华东理工大学图书馆：微信校园卡。

为助力华东理工大学智慧校园建设，打造"互联网+"校园生态下的示范图书馆，提升用户的便捷使用体验，徐汇校区图书馆于 2017 年 6 月 20 日推出华东理工大学微信校园卡，师生可通过微信扫描领卡，激活（身份认证）后生成自己的专属校园卡，在图书馆进馆闸机的二维码读取器上直接扫码进入图书馆。该二维码为动态码（在线自动更新），防止盗码产生的身份信息泄露，具有极高的安全性。将微信校园卡领取到微信卡包中，在微信"我"→"卡包"中找到华东理工大学校园卡，点击卡片，进入华东理工大学校园卡主页面，点击校园卡卡面，弹出带有个人信息的二维码，在图书馆进馆闸机的红外读头上扫描即可。

2. 刷脸入馆

华中科技大学、海南大学、华东理工大学等图书馆对门禁系统其中一个闸机通道进行了改造，增加了脸部识别设施和相应的管理系统。详见这些图书馆微信平台发布的通告可参阅亢琦和陈芝荣撰写的《人脸识别技术在图书馆的应用实践与发展思考》一文。

值得一提的是，中国计量大学图书馆在 2018 年 4 月基于百度 AI 开放平台的人脸识别云接口（人工智能云调用接口）自行开发上线了一套人脸识别门禁。方便读者进出图书馆，同时提高读者的科技体验感。使用方式是：

（1）首次使用需先注册，否则人脸识别门禁无法识别。到本部图书馆一楼大厅的人脸注册机上刷一卡通，显示自己的学号或工号后点击"马上注册"，跳出"注册成功"对话框，即完成注册。

（2）注册完成后，读者只需站在摄像机前，当显示器中只有一人时按开门开关，识别通过屏幕上出现"欢迎某某某光临图书馆！"时即可推门通行[85]。

第六节　论文查重系统

论文查重，又称论文检测或复制比检测或学术不端检测，是指利用查重系统与技术对学位论文（主要是博硕士学位论文）、新投稿学术期刊/会议论文（期刊编辑部一般也有该系统）、职称论文（已发表）、课题结项报告、著作等的文本与中外文数据库文献资源、网络文献资源中的数据进行比对，并给出比对结果的一种服务。很多高校购买了论文查重（学术不端检测）软件（Plagiarism Software），服务基于知网学术不端文献检测系统或维普论文检测系统（机构版产品和个人用户）或万方文献相似性检测或大雅相似度检测，具有图书资源与检测优势，书刊检测并重或 Paperpass 以及国外的 CrossCheck/Turnitin/iThenticate 查重系统。其中 Turnitin/iThenticate 采用云数据处理系统，为全球 120 多个国家，超过 15 000 所学术科研机构、大学、出版社（Elsevier，IEEE，Nature，Springer，Wiley）提供卓越的论文对比服务。iThenticate 拥有超过 500 亿的对比资源，其数量超越了世界上任何一个国家图书馆的馆藏量。全球 80% 的高影响因子期刊（High Impact Journal）都与 iThenticate 签订了服务协议，保证了 iThenticate 高效、权威的对比报告结果，一篇 25 000 字以下论文检测，价值为 100 美元。若读者投稿到国外期刊，推荐使用 iThenticate plagiarism software。

每个查重系统背后支持的数字资源库、算法都不同，检测结果也会有差别。具体提供服务的方式，各校各有各的做法。通常是用户拷贝或发送需要查重的文件到所在机构，委托工作人员进行复制比检测，需要缴纳一定的费用（或免费），机构出具检测报告或用户在线上传需要检测的文献（单篇检测或批量检测）、在线缴费和获取检索报告。检测报告通过标红相似文档，显示相似内容比对、相似文献汇总、引用片段出处、总相似比、总文字复制比、去除引用文献检测结果等重要指标，为教育机构、科研单位、各级论文评审单位和发表单位提供了论文原创性和新颖性评价的重要依据，这些报告可用于指导和规范论文写作，检测新论文和前人已发表论文的相似片段，进一步提高学术水平和稿件质量，也有助于避免学术不端和抄袭行为以及促进学术诚信体系的建立。

大部分高校和期刊投稿系统是以知网查重系统为准，但是知网查重系统不支持个人用户注册使用，须到图书馆或研究生院或教务部门或其他渠道（如淘宝）查重。其他大多数查重系统支持自助查重，即在线提交，缴纳费用（或免费），获取检测报告。例如，维普论文检测系统同一些图书馆合作，该系统面向师生读者开放，用户可以通过点击图书馆页面上的专用链接地址，进入维普论文检测系统，自助付费检测（重庆维普资讯有限公司直接收取费用），并提供检测报告。图书馆仅提供链接服务，并协助维护，不收取任何费用，不对检测结果和检测报告负责。还有万方文献相似性检测平台、大雅相似度检测平台等均支持用户在线上传需要检测的文献（单篇检测或批量检测）、在线缴费和获取检索报告。

图 11.6　论文自助查重（复制比检测）流程

第七节　查收查引系统

查收查引，又名论文收录与被引用检索，是指依据委托人提供的文献篇名、作者姓名、作者单位、期刊名称、卷期页码（或会议名称、会议时间、会议地点）、发表时间等信息，检索文献被 Web of Scinece（科学引文索引 SCI、社会科学引文索引 SSCI、A&HCI、CPCI-S）、工程索引（Engineering Index，EI）、中国科学引文数据库（CSCD）、中文社会科学引文索引（CSSCI）、人大复印报刊资料等国内外权威数据库收录和被引用情况，提供科技引文报告（Journal Citation Report）影响因子、中科院期刊分区等信息，并根据检索结果出具图书馆文献检索收录和被引次数证明，其中引用情况主要提供来自 Web of Science 的被引次数。具有教育部认定的科技查新工作站具有出具查收查引权威证明的资质，没有获得科技查新工作站资质的图书馆也可以出具查收查引证明，权威性和认可度较差些。出具收录引用证明，用户需要向图书馆缴纳一定的费用，如果加急（即着急需要检索证明）需额外付费，费用因馆而异。查收查引流程如图 11.7 所示。

图 11.7 查收查引一般流程

收录引证是对科研人员撰写的论文被国内外权威检索刊物（或相应数据库）收录以及被他人引证情况的检索，以证明其科研能力和水平而开展的一项信息服务。论文的收录、引用情况是衡量论文学术水平的重要参数，在项目申请、奖项审评、职称评定、研究生毕业资格审查中有着重要的作用。

目前，查收查引服务受理方式主要有以下四种：

（1）当面代检代查（面向本校师生及上门检索的人员），用户亲自来馆，到查收查引服务部门，告诉馆员要检索的论文信息，馆员进行检索并开具收录引用证明。

（2）委托人在图书馆网站或图书馆科技查新主页下载并填写"论文收录引证委托单"，在委托单中提供需检索的论文（中文或英文）信息，论文信息应包括：篇名、作者、所发表的期刊名称或会议名称、卷（期）、页码等，并指定要检索的数据库。委托人将填写好的委托单发至指定邮箱。工作人员接到申请后，检索并出具收录引用证明，委托人前往领取检索报告。或者委托人在线填写提交查收查引申请表单，按规定的时间到图书馆领取检索报告。

（3）委托人通过自助查收查引系统，在线提交申请表单，检索结果到图书馆领取或在系统中获取。例如清华大学图书馆与清华同方公司合作开发了查新与查收查引新系统，面向外地及北京市内不方便来馆的用户，开展网上代查代检服务，如图 11.8 所示。中南大学图书馆也开通了查收查引自助服务系统，校内读者用校园一卡通登录，校外读者先注册再使用，在线提交申请表单。深圳大学图书馆开展了 Web of Scinece 网上委托检索服务，在线填写委托申请、检索要求、检索文献信息，系统提供给用户与馆员在线沟通和查看结果等功能。

图 11.8　清华大学查收查引系统

（4）公司开发的商业化查收查引自助服务系统。论文查收查引工作是图书馆的一项日常服务工作，且存在任务时间段比较集中、突发任务多、经常遇到多论文时间要求紧急的情况，另外学校购买的资源尚不能满足所有的查收查引要求。基于以上原因，西安石油大学选择了由西安知先信息技术有限公司开发的论文查收查引自助服务系统，通过技术手段，实现论文收录、引用的自动查询和收录引用报告的自动形成，提高工作效率，解决突发任务，利用合作院校资源，解决没有购买数据库的问题。系统可以提供期刊分区、影响因子、被引频次、引文列表等多方面的数据，实现文献作者署名情况的自动标引，引文的自引、他引的自动判断，自引判定支持多种判定标准。通过资源借用有效地解决了机构没有购买数据库的问题，对于购买数据库的机构实现资源的最大化利用[86]。

思考题

高校图书馆向社会开放成为热议的话题，包括《普通高等学校图书馆规程》（教高〔2015〕14 号）、《中华人民共和国公共图书馆法》也提及了这点，你认为高校图书馆是否要取消门禁系统或刷脸入馆等改造？

第十二章
图书馆的发展趋势

本章主要对图书馆实用信息技术的未来发展趋势进行了展望，信息与通信技术使得图书馆向数字化、智慧化的方向发展；与此同时，绿色图书馆的研究又对图书馆应用信息技术提出了更高的要求。

第一节　智慧图书馆

随着智慧地球与智慧城市的发展，智慧图书馆的理念与实践已经在国内外图书馆界有了初步的探索和实践，作为未来图书馆的新模式，智慧图书馆将成为图书馆创新发展、转型发展和可持续发展的新理念和新实践[75]。智慧图书馆作为一个学术课题引起了国内外图书馆学界极大兴趣。有观点认为，智慧图书馆要靠技术引领，是技术在图书馆中应用的最高级阶段。也有观点认为，智慧图书馆是图书馆以人为本理念的更好体现，以人为本就是以慧为本。还有观点认为，智慧不仅体现在技术上，也体现在人文中。王世伟的系列文章对智慧图书馆做了研究，他认为智慧图书馆是以信息技术为基础和前提的，但它超越了技术的层面，更多地从服务管理、人力资源、智能惠民、环境友好（从追求不计成本和能耗的建筑规模向资源节约转型）着眼，书书相联、书人相联、人人相联是智慧图书馆的核心要素，而以人为本、绿色发展、方便读者则是智慧图书馆的灵魂与精髓。智慧图书馆的外在特征是泛在，即智能技术支持下的无所不在、无时不在的人与知识、知识与知识、人与人的网络数字联系；其内在特征是以人为本的可持续发展，以满足日益增长的读者的知识需求[87]。王世伟定义智慧图书馆是以数字化、网络化、智能化的信息技术为基础，以互联、高效、便利为主要特征，以绿色发展和数字惠民为本质追求，是现代图书馆科学发展的理念与实践[88]，它是集技术、资源、服务、馆员和用户于一身的智慧协同体[89]。

近二十年中国图书馆行业的发展突飞猛进，我们从纸本走向数字，现在又在讨论"智慧"，这是人类图书生产传播史上的大飞跃。以大数据、云计算、物联网（RFID、Zigbee、NFC 等）、移动互联网、人工智能（自然语言处理、神经网络、机器学习、深度学习等）、增强现实等为代表的新一代信息技术，让人类的信息化进程进入一个深度信息化的智慧时代，但其在图书馆领域的应用才只是一个开端，有些甚至还没有起步。随着互联网、物联网等技术的发展以及国家对于开展全民阅读、建设书香社会提供政策支持，我国图书馆行业的建设进入了崭新的发展阶段，智慧图书馆的建设成为图书馆业界广泛讨论的问题。专家学者们立足多个角度，围绕智慧图书馆这一话题进行了一系列探索性研究，包括研究成果、会议研讨。

例如，2017 年 9 月 20 日至 22 日，由新华书店总店、上海图书馆（上海科学技术情报研究所）、上海市图书馆学会主办，《图书馆报》、上海阿法迪智能标签系统技术有限公司承办的 2017 智慧图书馆论坛暨《图书馆报》编委会工作会议举行，在发言中聚焦智慧图书馆理论与实践、当前与未来、瓶颈与突破、坚守与创新，为业界奉献了一场思想盛宴。上海图书馆陈超认为从技术的角度理解，真正的智慧图书馆应该是一个物理和网络空间真正实现一体化、无缝连接的复合型图书馆。这种"复合"不仅是图书馆工作者觉得它复合，应该让读者也感受到，让读者有获得感，得到读者的认可，这才是一个智慧的服务、真正的智慧图书馆。任何智慧技术、智慧服务必须以人为本，这个"人"既包括读者，也包括馆员，包括所有人，而我们现在很多的技术创新未必真正是以人为本的，那么图书馆人应如何坚守这一点？在我们的管理工作中、实践中，还充满挑战。上海阿法迪智能标签系统技术有限公司董事长罗会云认为，智慧图书馆第一是互联共享，就是全面感知、一体互联、共享协同；第二是高效、节能低碳、灵敏快捷；第三是大数据。北京大学图书馆原馆长朱强认为，关于智慧图书馆的定义应该是这样的：智慧图书馆是我们图书馆发展的新形态，是基于新的信息技术的、具有人工智能的一个知识服务系统。它的主要特征大概有两个，一个是情景的感知，从而使得我们可以真正实现个性化的服务，而这种服务可以用来更好地满足用户对于图书馆的需求。第二个，它有更好的使用体验，使我们的用户在使用过程中感到更加便利，包括它的敏捷，包括它的快速，包括它的方便，包括它的顺畅、无缝，诸如此类，另外它特别精准，在数据量、信息量泛滥的情况下能够帮助用户精准地找到所需要的相关内容。全面，不只是在某一个范围内或者某一个区域内、某一个聚集的点上找到需要的内容，而是更加全面地在全球范围内找到所需要的内容。能够适应智慧图书馆的建设发展要求的图书馆员是必须要成长起来的，这在某种程度上是最关键的，只有有了这样新型的图书馆员，才能更好地发展我们的智慧图书馆。正如王世伟在《图书馆应当弘扬"智慧工匠精神"》一文中指出的，图书馆与时俱进地弘扬"智慧工匠精神"，以新理念加强图书馆员队伍建设，主动顺应社会信息化的深入持续发展，不断满足广大用户更加个性化、精准化和便捷化的服务需求。对图书馆而言，智慧工匠就是在传统图书馆服务和管理的基础上，面向智慧图书馆的未来发展，努力在采访编目、文献修复、参考咨询、讲座展览、阅读推广、在线服务、服务体系、后勤保安等工作中融入数字化、网络化、智能化、泛在化、可视化等新技术，创新服务新动能，提升服务新品质。华中师范大学图书馆馆长李玉海认为智慧图书馆是利用（感知器）物联网、大数据、智能计算等技术，为图书馆用户提供精准、有效服务的，有序无界的知识服务系统，它具有有知觉、有知识、会思考的类人特征。上海图书馆副馆长刘炜认为智慧图书馆提供的任何服务是体现在图书馆的服务中的，我们提供的任何服务都应该让人分辨不出是人提供的还是机器提供的。安徽省图书馆馆长林旭东，强调在智慧服务中存在的问题仍然不容忽视：第一，服务安全的隐患。读者隐私暴露、数字资源丢失、大数据不准确。第二，人文关怀的缺失。馆员与读者的交流逐渐减少，甚至消失。第三，馆员的素质短板。信息素养的匮乏，传统图书馆人的精神缺乏，计算机网络信息技术处理和应用能力低，馆员人文素质的缺失。图书馆不能偏离技术、忘记初心，图书馆要在每一次改革中注意馆员的素质提高，除了科学素养和人文素养，还要体现图书馆本身的智慧魅力[90]。

2017年6月2日《图书馆报》出版的"智慧图书馆"专题，分别采访了部分图书馆馆长，把他们的观点分享如下：武汉大学图书馆馆长王新才认为智慧图书馆的终极目标是图书馆的管理和服务可以智慧化地完成，无须人工干预，达到"智慧"状态。这一目标的达成难以一蹴而就。北京师范大学图书馆馆长张奇伟指出实现"智慧图书馆"的关键主要有两点：首先，是以"人工智能"为代表的信息技术的发展，人工智能技术发展还需要一定过程，这可能就是当前的主要瓶颈。从服务实现的过程来看，这里面主要涉及用户需求和环境自动获取、需求自动处理和智能提供资源及服务三个方面。另一个需要考虑的关键点就是要深化图书馆相关意识和服务理念，"要不要提供智慧服务"更大程度上还是一个意识和观念的问题。张奇伟馆长和李玉海馆长都认为国内智慧图书馆建设还处于初级阶段，严格来说，目前国内许多所谓的"智慧图书馆"还不能算是真正的智慧图书馆，尚处在探索和初级应用阶段。智慧图书馆建设还任重道远，尚需共同努力和探索。2018 年 3 月 5日《图书馆报》发布了《智能自助服务升级——当机器人走进图书馆》的特别报道，分享了上海图书馆、湖北省图书馆、成都理工大学图书馆、南京大学图书馆等为代表的图书馆引进机器人馆员和人工智能的理念和服务。

在图书馆工作实践中，国内外的一些图书馆开始进行智慧图书馆部分功能的尝试和应用。例如，①2016 年 6 月，新加坡图书馆试用机器人管理员，能够扫描书架并报告丢失书籍，从而减少图书馆管理人员的工作量。研究人员研发制造出一款名为 AuRoSS 的自主式机器人，能够在夜间用激光器扫描图书馆书架，并且编写生成关于丢失书籍或摆放错误书籍的名单。次日清晨，图书馆工作人员将根据这份名单整理相应的图书区域，这极大地节省了工作时间，准确率达 99%。②2016 年 10月，浙江省图书馆引进机器人管理员，能听能说能借还。读者说："小图，我想借本《海底小纵队探险记》，能帮我查下吗?"随着一阵悦耳的应答声，机器人小图快速找出该本书在图书馆中的位置，并显示在胸前 LED 屏上。机器人，正在为读者提供咨询服务。该款机器人能听能说能跳舞，最重要的是，能够充当图书馆管理员角色，通过问答形式播报图书馆开闭馆时间、图书位置等各项实用信息。特别的是，它还能够听懂粤语、四川话、湖南话等方言。在"小图"旁边，还有一个带

RFID 自助借还功能的机器人，只要将要还的书本放在屏幕桌面上，扫二维码能够自动实现借还，甚至还能够通过"刷脸"代替读者证借书。近几年，一些公共图书馆引进类似的机器人，实现图书检索、对话聊天、参考咨询等服务。③2017 年 5 月 18 日，由南京大学计算机科学与技术系、计算机软件新技术国家重点实验室陈力军教授课题组研发的智慧图书馆二期（智能机器人）在南京大学杜厦图书馆正式发布，团队研制的基于超高频 RFID 技术的图书盘点机器人以及迎宾机器人（图宝）等开始应用到南京大学图书馆。④2016 年 9 月 21 日，重庆大学图书馆基于元数据级的新一代智慧图书馆服务门户正式启用，让图书馆门户网站成为独具特色的大数据服务中心，准确挖掘师生的需求，加强语

图 12.1　南京大学研制的第三代图书盘点机器人（来源：网络）

义网、大数据等基础技术研究，研发出高水准的新一代图书馆资源和服务门户，更好地满足师生教学和科研的资源需求和个性化需求。类似的，宁波大学图书馆也同重庆维普资讯有限公司（维普智图）合作开发了智慧图书馆门户网站。

图 12.2　南京大学图宝机器人（来源：笔者拍摄）

在利用智能技术和产品的过程中，图书馆的基本职能和图书馆员的基本职责都不会变，变化的只是服务的方式和手段，这种变化有赖于技术的发展、思路的调整和相关人才的培养，缺了哪一个都支撑不起智慧图书馆的大厦。作为未来图书馆的新模式，智慧图书馆将成为图书馆创新发展、转型发展和可持续发展的新理念和新实践。王世伟[75,87,88]和刘丽斌[91]指出绿色发展是智慧图书馆的特征之一，也是智慧图书馆的灵魂。下面就介绍图书馆的绿色发展与可持续发展。

第二节　绿色图书馆

图书馆作为提供知识服务、社会教育最为活跃的公共文化设施之一，在提升全民族文化素养与构建和谐社会、促进社会发展等方面作用巨大，是落实《公共文化服务保障法》《公共图书馆法》各项目标的最坚实基础之一。

当前，以绿色、节能、低碳为特征的可持续发展已成为国际社会的共识，2016 年 11 月，《巴黎协定》正式生效，指明了全球绿色低碳发展的大方向。2015 年十八届五中全会提出创新、协调、绿色、开放、共享五大发展理念，加强生态文明建设（美丽中国）首度写入"十三五"规划，生态文明建设和绿色发展正在以前所未有的力度加快推进。2016 年 12 月，习近平总书记再次对生态文明建设做出重要指示，强调"生态文明建设是'五位一体'总体布局和'四个全面'战略布局的重要内容，切实贯彻新发展理念"。

继党的十八大报告把生态文明建设并列于经济建设、政治建设、文化建设、社会建设，"四位一体"拓展为"五位一体"总体布局后，党的十九大报告将社会主义现代化目标，从"富强民主文明和谐"进一步拓展为"富强民主文明和谐美丽"，"美丽"二字的增加，体现了新时代中国特色社会主义社会主要矛盾，人民群众日益增长的美好生活需求正是对于美丽中国、美丽家园的美好愿望，迈入新时代，生态已经成为人民生活中不可或缺的关键一环，"坚持人与自然和谐共生"被写入新时代中国特色社会主义基本方略，整个报告用一个章节来部署加快生态文明体制改革，建设美丽中国……生态文明建设被提上前所未有的重要位置。十九大报告对于生态文明建设和绿色发展的高度重视，表明我国生态文明建设和绿色发展将迎来新的战略机遇。

从长远来看，绿色、环保、智能是各领域发展的大势所趋，例如电商和快递行业已通过探索减量化包装、纸箱回收再利用、共享快递盒等方式，控制纸箱的使用，促进快递"绿色化"；再如，航空业绿色发展，2017 年 2 月 15 日，厦门航空与联合国在纽约联合国总部签署协议，成为全球首家与联合国开展可持续发展目标合作的航空公司。2017 年 11 月 21 日，我国首班生物航煤跨洋航班成功启航，标志着首班中美绿色示范航线生物航煤航班成功启航，生物航煤是民航业节能降碳重要抓手，国产生物航煤商业化飞行将有助于打造绿色航空，展示中国绿色民航建设成效。还有旅游业[92]等均在实施节能减排战略。

在国家支持和保障文化公益事业，持续的资金投入，大力发展信息和文化产业的背景下，我国公共图书馆机构数逐年增长，截至 2018 年年末达到 3 176 所[94]，各类型图书馆馆舍改扩建和新馆建设，大量自建与引进数字资源、信息技术和系统（如移动图书馆）、数字设备（RFID自助借还设备、电子图书借阅机、自助文印设备、多媒体报刊阅读机、馆内导航触摸屏、移动设备、无线网络基础设施、电子阅览室设备、共享空间设备、创客空间设备、选座终端等）、建设大规模数据中心等设备，以提升用户的体验和服务，实现图书馆管理自动化，这与当前图书馆学的研究方向和热点不谋而合，但理念上有一些误区，值得我们去探讨，如部分图书馆领导者环境意识薄弱，出现了数字资源重复建设，设备空闲率较高，馆藏资源利用率低下等现状，也就是说，我国目前数字资源、数字设备、信息系统等采购、建设不是经济可持续性的，同时也对自然环境产生了不利的影响，即 ICTs 的不当和盲目跟风引进。

图书馆数量和规模在快速增长，为经济社会创造了巨大的价值，同时消耗着大量能源，最关键是能源浪费现象严重，并且还没有引起图书馆的重视，忽略和低估了图书馆对全球变暖的影响，目前图书馆开展的数字信息服务实践不是环境可持续发展的[95-109]。图书馆部分数字设备空闲率较高，图书馆追求的一些先进技术或理念，不是读者真正需求的，使用率极低，设施没有得到很好的利用与价值的发挥，资金和资源浪费严重。实际上，像读者用计算机（含检索机）等数字设备，当前管理属于粗放式，而不是精细化管理，浪费非常严重，即使在高峰负荷时整体利用率也不高。图书馆界还没有深刻认识到盲目的图书馆新馆建设、改扩建、粗放式的工作模式、新设备的大量引进、大规模数据中心的建立等运行和服务过程中存在着大量的能源消耗与浪费的现象，重点关注的是图书馆的经费保障和社会效益等可持续发展的经济和社会维度，而对图书馆低碳、绿色的方面关注和研究较少，环境维度的研究明显不足，这与"五位一体"建设、"五大发展理念"不相适应。如何能最大限度地发挥图书馆引进的 ICTs 的作用而降低对环境的不利影响，实现图书馆信息服务的可持续发展，正是图书馆未来发展需要考虑的问题。

对以往研究文献的综述发现，有限的关于图书馆低碳、绿色发展研究通常集中在建筑能耗方面。实际上，图书馆的能源消耗不仅体现在建筑上，同时在海量数字资源的建设、存储与获取利用以及日益增加的数字设备等方面也存在着不为人们所意识的巨大能耗，具体研究包括：①图书馆建筑能耗。豪克（Hauke）、沃纳（Werner）和汤更生等指出现代图书馆建筑能耗是传统图书馆的数倍，是碳排放量大户和耗能大户[110,111]。奥里西奥（Aulisio）、琼斯（Jones）等提出，绿色图书馆不能仅局限在建筑结构和室内布局上，还包括绿色使命和远景、绿色业务流程、环境素养教育、参与解决环境问题等[112,113]。②数字设备（ICTs）能耗。现代化复合图书馆，为了给读者提供优质的服务和提升用户体验，引进大量的数字设备，在图书馆界通常注重数字设备的配置和性能，而在生态与环境科学和计算机与通信技术等领域，许多学者研究指出数字设备的整个生命周期对环境产生了不利的影响。如安德雷（Andrae）和埃德勒（Edler）估计通信技术（用户设备、通信网络和数据中心设备的生产与使用）到 2030 年电力使用占到全球用电量的 51%[114]。气候组织（The Climate Group）的"Smart 2020"报告显示，ICT 行业本身的碳足迹，目前占到了全球排放量的 2%，与整个航空业所产生的二氧化碳量基本相当，到 2020 年这一数字会翻番。

总之，很少研究考虑图书馆在运行和服务过程中以及纸质资源、数字资源和数字设备对生态环境的影响。然而，图书馆等信息机构在数字信息服务过程中，数字内容采集、加工、存储和长期保存，信息检索系统开发、维护、部署、应用平台支撑，信息用户获取、生产、分享、利用数字内容等，均依赖 ICTs，ICTs 的生产制造、运输、利用与回收处置均消耗能源与资源。图书馆采用先进的数字技术及海量数字资源来装备图书馆，符合当今图书馆服务的变革趋势与信息技术发展潮流，也符合技术支撑服务的理念，而能耗也随之大幅增加，并且浪费现象严重，对这一矛盾值得我们去思考。

在全球高度重视绿色发展与可持续发展这一背景下，在不影响为读者提供优质服务的前提下，降低图书馆的能耗变得日益重要。正如王世伟所指出的"绿色发展将成为未来图书馆的发展战略"[115,116]。图书馆作为基本公共文化服务范畴，创新、协调、绿色、开放和共享发展理应成为新时期图书馆发展以及文化建设的战略目标和重要内容，在快速发展过程中注重可持续发展，全面节约和高效利用资源，把绿色发展理念融入到图书馆运行和服务的各个方面和全过程，实现发展与环境保护共赢，为缓解与改善全球环境污染问题、推进美丽中国建设做出贡献，彰显文化建设与生态文明建设相互促进。把图书馆发展与"五大发展理念"有机贯通起来，在不影响图书馆信息服务的经济、容易、普遍、均等、自由前提下，在图书馆的建设与运行中，最大限度地节约资源与能源，提升广大馆员和用户的绿色意识，贯彻新发展理念，把生态文明建设融入到文化建设的各个方面和全过程，构建一个节约资源、绿色环保、均等自由、可持续发展的新型图书馆。

思考题

你认为图书馆管理自动化的发展趋势还有哪些？

参考文献

[1] 袁名敦, 耿骞. 图书馆自动化 [M]. 北京：国家图书馆出版社, 2013.

[2] 沈迪飞. 图书馆自动化应用基础 [M]. 北京：国家图书馆出版社, 2013.

[3] 徐文贤, 李书宁. 数字时代的图书馆自动化系统 [M]. 北京：北京理工大学出版社, 2012.

[4] 李欣. 图书馆自动化集成系统 [M]. 重庆：重庆大学出版社, 2011.

[5] 中国人民解放军总装备部军事训练教材编辑工作委员会. 图书馆自动化 [M]. 北京：国防工业出版社, 2006.

[6] 顾玉青, 李磊. 现代图书馆自动化建设 [M]. 北京：海洋出版社, 2006.

[7] 傅守灿, 陈文广. 图书馆自动化基础教程 [M]. 北京：北京大学出版社, 1996.

[8] 宛福成. 图书馆自动化系统设计 [M]. 北京：书目文献出版社, 1991.

[9] 杨宗英. 图书馆自动化系统 [M]. 上海：上海交通大学出版社, 1990.

[10] 于林海. 美国图书馆开源 ILS 应用分析与启示 [J]. 图书馆杂志, 2010, 29 (02)：63-65, 74.

[11] Jiang T, Chi Y, Gao H. A clickstream data analysis of Chinese academic library OPAC users' information behavior [J]. Library & Information Science Research, 2017, 39 (3)：213-223.

[12] 陈定权, 卢玉红, 杨敏. 图书馆资源发现系统的现状与趋势 [J]. 图书情报工

作，2012，56（7）：44-48.

[13] 陈莺．重点高校图书馆资源发现系统对比分析［J］．情报探索，2015（5）：71-73，77.

[14] 包凌，蒋颖．图书馆统一资源发现系统的比较研究［J］．情报资料工作，2012（5）：67-72.

[15] 武丽娜，左阳，窦天芳．PRIMO 发现系统应用的可用性设计调研及评测［J］．图书馆杂志，2017（5）：47-52，114.

[16] 苏建华．中外文资源发现系统的比较分析［J］．新世纪图书馆，2016（2）：91-95.

[17] ProQuest．［EB/OL］．［2019-06-18］．https：//librarytechnology. org/repository/item. pl？id＝11018

[18] 陈芳．"985 工程"高校图书馆发现系统检索功能调研分析［J］．大学图书情报学刊，2017（5）：113-119.

[19] 葛梦蕊．国内外资源发现系统功能特色分析及其启示［J］．新世纪图书馆，2017（1）：60-65，69.

[20] Breeding M. Library services platforms：a maturing genre of products［R/OL］. Library Technology Reports，2015：5-19. https：//journals. ala. org/ltr/issue/download/509/259

[21] Breeding M. An industry redefined：private equity moves into the ILS，and open source support emerges［J］. Library Journal，2007：36.

[22] Shafique F，Mahmood K. Integrated library software：a survey of Lahore［J］. Library Hi-Tech News，2008（6）：6-13.

[23] 朱本军，聂华．下一代图书馆系统与服务研究［M］．北京：北京大学出版社，2012.

[24] 陈武，王平，周虹．下一代图书馆服务平台初探［J］．大学图书馆学报，2013，31（6）：82-87.

[25] 包凌，赵以安．国外下一代图书馆自动化系统的实践与发展趋势研究［J］.

图书馆学研究, 2013 (9): 58-65.

[26] 刘炜. 关于"下一代图书馆系统"的思考 [J]. 国家图书馆学刊, 2015, 24 (5): 7-10.

[27] 殷红, 刘炜. 新一代图书馆服务系统: 功能评价与愿景展望 [J]. 中国图书馆学报, 2013 (5): 26-33.

[28] 李娟, 张雪蕾, 杨峰. 基于实证分析的下一代图书馆服务平台选择策略——以 ALMA、Kuali OLE、OCLC WorldShare 和 Sierra 为例 [J]. 图书与情报, 2017 (3): 84-92.

[29] Breeding M. Perceptions 2017: An International Survey of Library Automation [EB/OL]. (2018-3-17) [2018-10-05]. http://librarytechnology.org/perceptions/2017

[30] 傅平. 新一代图书馆管理集成系统对美国图书馆联盟的影响分析 [J]. 数字图书馆论坛, 2017 (2): 28-33.

[31] Howard J. Reader choice, not vendor influence, reshapes library collections [J]. Chronicle of Higher Education, 2010, 57 (12): A11-A12.

[32] 肖铮, 林俊伟, 陈丽娟. 下一代图书馆开放服务平台 FOLIO 初探 [J]. 图书馆学研究, 2018 (15): 34-38, 63.

[33] 贾西兰, 刘斌, 黄婧. 下一代图书馆服务平台分析与应用展望——以 Alma 为例 [M] //张奇伟. 21 世纪的大学图书馆管理——从理念到实践 [M]. 北京: 北京师范大学出版社, 2017.

[34] Waseda and Keio University adopt an integrated library management system [EB/OL]. (2018-3-9) [2018-3-27]. https://www.waseda.jp/top/en-news/57577#sidr.

[35] 韩佳, 汪莉莉. 图书馆管理服务创新与下一代图书馆管理系统——以 Intota 和 Alma 为例 [J]. 图书馆杂志, 2015, 34 (11): 82-87.

[36] 李保红. 基于图书转借系统的图书馆新型服务模式分析 [J]. 农业图书情报学刊, 2016, 28 (11): 171-174.

［37］ 安艳梅，周杰华．"图书馆+书店"融合服务模式比较研究［J］．图书与情报，2017（2）：97-102.

［38］ 只要550分芝麻信用分杭州人就可以免费借书了［EB/OL］．［2019-06-17］．https：//hzdaily. hangzhou. com. cn/dskb/2017/09/03/article_ detail_ 2_ 20170903A114. html.

［39］ "信用+阅读"：图书馆服务创新的浙江样本［EB/OL］．［2019-06-18］．https：//mp. weixin. qq. com/s/cYocng-9jsr7DrK9lk0xpA.

［40］ 河北金融学院图书馆指纹识别流通借阅功能的开发［EB/OL］．［2019-06-18］．http：//www. bcrj. cn/casesinfo. aspx？ProductsId=22&CateId=16.

［41］ Xu J H，Kang Q，Song Z Q，et al. Applications of Mobile Social Media：WeChat Among Academic Libraries in China［J］. The Journal of Academic Librarianship，2015，41（1）：16-30.

［42］ Wei Q Y，Yang Y. WeChat Library：a new mode of mobile library service［J］. The Electronic Library，2017，35（1）：198-208.

［43］ 海南省图书馆正式接入海南"城市服务"微信平台［EB/OL］．［2019-06-17］．http：//www. hi. chinanews. com/hnnew/2016-03-16/409759. html

［44］ 亢琦，孙泽．图书馆纸质资源建设的读者众筹模式研究［J］．图书情报知识，2018（2）：69-76.

［45］ 宋振世，顾笑迎．微信在图书馆信息服务中的应用实践——以华东师范大学图书馆为例［J］．图书馆杂志，2017，36（10）：26-32.

［46］ 国家图书馆馆际互借［EB/OL］．［2019-06-17］．http：//www. nlc. cn/newkyck/kyfw/201104/t20110411_ 40390. htm

［47］ 张晓林．走向知识服务：寻找新世纪图书情报工作的生长点［J］．中国图书馆学报，2000（5）：30-35.

［48］ 戚建林．论图书情报机构的信息服务与知识服务［J］．河南图书馆学刊，2003（2）：37-38.

［49］ 金胜勇，刘长迪．取舍之间：图书馆知识服务内涵再探［J］．国家图书馆学

刊, 2016, 25（6）: 32-37.

［50］ 王蕾. 徽州文书、徽学研究与数字人文［J］. 图书馆论坛, 2016, 36（9）: 1
-4.

［51］ 周晨. 国际数字人文研究特征与知识结构［J］. 图书馆论坛, 2017, 37（4）:
1-8.

［52］ 夏翠娟, 张磊. 关联数据在家谱数字人文服务中的应用［J］. 图书馆杂志,
2016, 35（10）: 26-34.

［53］ 冯晴, 陈惠兰. 国外图书馆参与数字人文研究述评［J］. 图书馆杂志, 2016,
35（2）: 14-19.

［54］ 曾蕾, 王晓光, 范炜. 图档博领域的智慧数据及其在数字人文研究中的角色
［J］. 中国图书馆学报, 2018, 44（1）: 17-34.

［55］ 郭金龙, 许鑫. 数字人文中的文本挖掘研究［J］. 大学图书馆学报, 2012, 30
（3）: 11-18.

［56］ 柯平, 宫平. 数字人文研究演化路径与热点领域分析［J］. 中国图书馆学报,
2016, 42（6）: 13-30.

［57］ Feldman R, Sanger J. The text mining handbook［M］. Cambridge: Cambridge
University Press, 2007.

［58］ 张雯雯, 许鑫. 文本挖掘工具述评［J］. 图书情报工作, 2012, 56（8）: 26-
31, 55.

［59］ Chen C M. Science Mapping: A Systematic Review of the Literature［J］. Journal of
Data and Information Science.

［60］ Chen C M, Hu Z G, Liu S B, et al. Emerging trends in regenerative medicine: A
scientometric analysis in CiteSpace［J］. Expert Opinion on Biological Therapy,
2012, 12（5）: 593-608.

［61］ 胡志刚科学网博客［EB/OL］.［2019-06-17］. http: //blog. sciencenet. cn/
home. php? mod=space&uid=43950

［62］ 刘光阳. CiteSpace 国内应用的传播轨迹——基于 2006—2015 年跨库数据的统

计与可视化分析 ［J］. 图书情报知识, 2017 (2): 60-74.

［63］ 董政娥, 陈磊, 陈惠兰. ESI、InCites 和 JCR 数据库联合提供外文文献馆藏建设
数据支持研究——以东华大学为案例 ［J］. 图书馆, 2016 (3): 41-45, 55.

［64］ 知乎. AR 装备和 VR 装备的区别? ［EB/OL］. ［2019-06-17］. https://
www.zhihu.com/question/24128481

［65］ 李晓娟, 任思琪, 黄国彬. 国外高校图书馆应用增强现实技术的案例研究 ［J］.
图书情报工作, 2015, 59 (11): 73-81, 105.

［66］ 陆颖隽. 我国图书馆虚拟现实应用及研究述评 ［J］. 图书与情报, 2017 (5):
120-127.

［67］ 胡国强, 马来宏. 虚拟现实和增强现实在智慧图书馆的应用 ［J］. 图书馆工
作与研究, 2017 (9): 50-54.

［68］ Miami University Augmented Reality Research Group ［EB/OL］. ［2019-06-17］.
http://www.users.muohio.edu/brinkmwj/ar/

［69］ Spina C. Keeping up with augmented reality, ［EB/OL］. ［2019-06-17］.
www.ala.org/arcl/publications/keeping-up-with/ar

［70］ 王璞. 移动增强现实技术在图书馆中的应用研究 ［J］. 图书与情报, 2014
(1): 96-100.

［71］ 李庆华. 混合现实技术在图书馆中的应用前景分析 ［J］. 四川图书馆学报,
2017 (2): 29-32.

［72］ 吴才唤. 真人图书馆: 现实瓶颈与虚拟现实技术应用研究 ［J］. 图书馆建设,
2017 (4): 51-56.

［73］ Jim H. Mobile Augmented Reality Applications for Library Services ［J］. New
library World, 2012 (9/10): 429-438.

［74］ NCSU Libraries WolfWalk ［EB/OL］. ［2019-06-17］. http://www.lib.ncsu.
edu/dli/projects/wolfwalk

［75］ 王世伟. 再论智慧图书馆 ［J］. 图书馆杂志, 2012, 31 (11): 2-7.

［76］ 湖南师范大学图书馆. 湖南卫视采访图书馆 "微信座位管理系统" ［EB/OL］.

（2017－3－30） ［2018－4－2］．http：//lib. hunnu. edu. cn/category65/detail_ 1026. shtml

［77］ 湖南师范大学图书馆．我馆自主研发"微信座位管理系统 ——反占座神器"应用案例荣获中国图书馆学会一等奖［EB/OL］．（2017－5－24）［2018－4－2］．http：//lib. hunnu. edu. cn/category65/detail_ 1084. shtml

［78］ 华东理工大学图书馆．图书馆开通微信卡选座功能［EB/OL］．（2017－12－6）［2018－4－2］．http：//newsadmin. ecust. edu. cn/news/42653

［79］ 华东理工大学．图书馆推出微信校园卡入馆服务［EB/OL］．（2017－6－27）［2018－4－2］．http：//news. ecust. edu. cn/news/41405？important＝&category_ id ＝7

［80］ 中国教育装备采购网．华东理工大学图书馆开通微信卡选座功能［EB/OL］．（2017－12－6）［2018－4－2］．http：//www. caigou. com. cn/news/2017120631. shtml

［81］ 亢琦．新读者入馆教育现状的调查与思考［J］．图书情报工作，2014，58 （21）：58－65.

［82］ 王宝英，王宝玲．"211 工程"院校图书馆网络自助式新生入馆教育现状调查与分析［J］．图书馆工作与研究，2017（12）：92－98.

［83］ Kang Qi. Outreach programs for graduates in top academic libraries in China［J］. The Journal of Academic Librarianship, 2016, 42（5）：557－568.

［84］ 施航海，苏文辉．图书馆一站式自助离馆服务系统构建——以厦门理工学院图书馆为例［J］．图书馆学研究，2016（16）：65－69.

［85］ 图书馆上线刷脸入馆黑科技［EB/OL］．（2018－04－09）［2019－06－17］ht-tps：//mp. weixin. qq. com/s/uvXx61dm1lJKbqpKmVoYkg

［86］ 中国教育装备网．西安石油大学论文查收查引自助服务系统［EB/OL］．［2019－06－17］http：//www. caigou. com. cn/News/2016062155. shtml

［87］ 王世伟．未来图书馆的新模式——智慧图书馆［J］．图书馆建设，2011 （12）：1－5.

［88］ 王世伟．论智慧图书馆的三大特点［J］．中国图书馆学报，2012，38（6）：

22–28.

[89] 李显志,邵波.国内智慧图书馆理论研究现状分析与对策[J].图书馆杂志,2013,32(8):12-17.

[90] 专题 | 汇聚 2017 智慧图书馆论坛共商未来智慧图书馆建设[EB/OL].(2017-09-28)[2019-06-17] https://www.sohu.com/a/195277284_748548

[91] 刘丽斌.智慧图书馆探析[J].图书馆建设,2013(03):87-89,94.

[92] Tang C C, Zheng Q Q, Qing N N, et al. A Review of Green Development in the Tourism Industry[J]. Journal of Resources and Ecology, 2017, 8(5):449-459.

[93] 工业和信息化部办公厅关于开展绿色制造体系建设的通知[EB/OL].(2016-9-20)[2017-12-11]. http://www.miit.gov.cn/n1146285/n1146352/n3054355/n3057542/n3057544/c5258400/content.html

[94] 文化和旅游部 2018 年文化和旅游发展统计公报发布[EB/OL].(2019-5-30)[2019-6-14]. https://www.mct.gov.cn/whzx/whyw/201905/t20190530_843997.htm

[95] Kang Qi. Library Directors' Concerns and Attitudes towards Green and Sustainability in China:An Unexplored Area[J]. Journal of Librarianship and Information Science, 2020, 52(2):382-398.

[96] 亢琦,高玉波,徐益波.图书馆可持续发展:含义与目标[J].高校图书馆工作,2019(6):2-4,12.

[97] 徐建华,亢琦,李盛楠.数字信息服务的环境可持续发展:思考与期待[J].高校图书馆工作,2019(6):5-12.

[98] 李耀昌,亢琦,王晴.图书馆创新与发展过程易忽视的问题:浪费与能耗[J].高校图书馆工作,2019(6):16-18.

[99] 徐益波,郝彧,亢琦.开放获取的可持续发展:经济、社会和环境集成研究视角[J].高校图书馆工作,2019(6):13-15,37.

[100] 康晋霞,张海龙,亢琦.公共文化服务等相关法律、意见等文件中节能环保的体现:基于文本分析[J].高校图书馆工作,2019(6):19-26.

［101］ 亢琦，苏丽如．IFLA 绿色图书馆奖分析及启示［J］．图书情报工作，2019，63（4）：86-93.

［102］ 亢琦，王晴，李耀昌．数字阅读对环境的影响——以生命周期为视角［J］．图书馆论坛，2017，（03）：3-8，34.

［103］ 徐益波，亢琦，张幼君．图书馆绿色发展的理论要义与实践路径［J］．图书馆论坛，2017，（03）：15-19.

［104］ 徐建华．"图书馆的环境影响与绿色发展"专题导言［J］．图书馆论坛，2017，37（03）：1-2.

［105］ 林晓莉，徐建华，赵雅．图书馆能耗增长的影响因素与应对措施［J］．图书馆论坛，2017，37（03）：9-14.

［106］ 亢琦．大学图书馆开展环境素养教育的思考［J］．图书馆杂志，2016，35（11）：56-61.

［107］ 范瑞英，亢琦，王茜，等．图书馆环境责任：内涵、履行与意义［J］．图书与情报，2015（6）：63-67.

［108］ 崔秀艳，亢琦，郝倩，等．世界环境日：图书馆在行动［J］．图书馆，2015（12）：106-111.

［109］ 王玮，亢琦，叶飞．绿色图书馆研究与实践进展［J］．图书与情报，2015（2）：24-29.

［110］ Hauke P，Werner K U．The second hand library building：Sustainable thinking through recycling old buildings into new libraries［J］．IFLA journal，2012，38（1）：60-67.

［111］ 汤更生．"节能减排"专题导语［J］．图书馆建设，2010（12）：1.

［112］ Aulisio G J．Green libraries are more than just buildings［J］．Electronic Green Journal，2013，35（1）：1-10.

［113］ Jones L，Wong W，ET AL．More than just a green building：Developing green strategies at the Chinese University of Hong Kong Library［J］．Library Management，2016，37（6/7）：373-384.

［114］ Andrae A S G，EDLER T. On Global Electricity Usage of Communication Technolo-
　　　　gy：Trends to 2030 ［J］. Challenges，2015，6（1）：117-157.

［115］ 王世伟. 全球大都市图书馆服务的新环境、新理念、新模式、新形态论略
　　　　［J］. 图书馆论坛，2014（12）：1-13.

［116］ 王世伟. 公共图书馆"十三五"规划编制的多维度思考［J］. 图书馆杂志，
　　　　2014（8）：4-10.